細かいところが気になりすぎて

銀シャリ
橋本直

komakai tokoroga kininarisugite

鰻和弘
（マンガ）

新潮社

はじめに

漫才師のツッコミをしているから後天的に職業病として細かいところが気になるようになったのか、それとも先天的にそもそも細かいやつだったのか、今となっては自分でも謎ですが、とにかく言葉にしていなくても、日常的になにかしら気になってしまったことを脳内で即座にツッコんでしまっています。

この前も宿泊先のサウナでおそらく大学生とおぼしき5人が入ってきて、彼らがずっと喋っていたのですが、

A「大谷翔平ってあれだけスターになると絶対大変よな？」

B「そらそうやろな。大谷翔平って乗ってる車もすごいんかなぁ」

C「すごいんちゃう？　大谷翔平クラスになると外出かけるのも大変よな」

D「大谷翔平の一番好きな食べ物ってなんなんやろうか？」

E「いろんなもん食べてるしな、大谷翔平って普通にテレビとか見たりすんのかな？」

一人目以外はもう大谷翔平って付けんでええやろ！「テーマ大谷翔平」になってんねんから！　大谷翔平っていちいち枕につけるなよ！　フルネームで言いたくなるくらい大谷翔平って語呂気持ちええけど！と、早々に気になって心の中でツッコんでいました。

そもそも会話の内容がピュア過ぎるやろ。小学生か！　なんの生産性もないこの会話はなんや。まぁ雑談に生産性もなにもないのはわかるけれども。それに、5人が横一列に座っているわけではなくて二人が下の段に、3人が上の段に座っていました。『ミュージックステーション』の時のバンドみたいな座り方すな！とかも思ってしまいます。

はい、わかっています。これは過剰です。

これは越権ツッコミです。

皆さんもこの本を「細かいところが気になりすぎや！」とツッコみながら読んでいただけると幸いです。

細かいところが気になりすぎて　目次

細かいところが
気になりすぎて

マスクの紐

仕事で大阪に泊まる時はだいたい相方の鰻と同じホテルに宿泊している。そして次の日の朝、一緒にタクシーに乗って現場に向かうのがお決まりのパターンだ。

その日は朝起きてサッカーくじの toto を買い忘れていたことに気がついた。僕がマークシートに予想を記入していた回は今日が締め切りだったのだ。

少し早めにチェックアウトを済ませホテル近くの toto 売り場を探す。グーグルマップに「toto」と入力すると、地図の赤いピンが指し示したのはトイレの「ＴＯＴＯ」の営業所だった。

「ここでっせ〜」やないのよ。それ懸念してしっかり小文字で入力したこちらの配慮を無下にすなよ、と心の中で軽く舌打ちをする。

もう一度落ち着いて「toto販売店」の方をタップすると、めちゃくちゃ近くに売り場があったのでスムーズに購入できた。思いの外スムーズもスムーズで、形容詞っぽくするならスムージーもスムージー過ぎてまだ鰻との待ち合わせまで時間があったので、ホテル横の邪魔にならなさそうな路地裏で昨日の深夜に決まったサッカーW杯の対戦国を携帯でチェックしながら待機する。

風がまだ少し冷たかったが心地よく嫌いじゃない時間だ。もはや凪。あと10分を無の感情で待つだけで、これがエアポケットってやつか。まだ少し眠い。あくびが出る。

「プチン」

え！　なにが起きた？　突然の結構デカめの音に一瞬何が起こったかわからなかった。アキレス腱が切れたら大きい音がすると聞いたことがあるけれど、あくびをしただけでなぜこんな音がするのか。顔の筋肉の細かい部位の名称など知らないが、頬レス腱みたいな、そんな部分が切れたのか？

だがすぐに状況を理解する。マスクの紐が切れたのだ。

外してみると、四角いマスクの左上の紐が切れている。紐についていえば、どの箇所が切れても刹那に存在価値を失うのがマスクというもの。幸いにもまだ右下の紐だったのでかろうじて大丈夫でした、みたいな奇跡など起きない。こんなにも脆いものなのか。4点で支えているわけではなく、2点で作られたアーチが耳に引っかかっているに過ぎないという事実を突きつけられる。

左上の紐が切れて垂れ下がったために大女優のメガネチェーンみたいだ。または、オシャレな人が片一方しか留めずに着こなすオーバーオール。肌寒くなってきた頃の「冷やし中華はじめました」の貼り紙くらいめくれている。ほぼ左バッターのヘルメット状態。

絶望しかけ、ふと、大阪に泊まる時はいつも7枚入りのマスクを常備していたことを思い出す。リュックからマスクの袋を取り出しベリベリと糊の部分を剝がして開けると、袋の裏地の銀色の世界が広がる。マスクが一枚も入っていない。

「今紐が切れたのが、ラス1やったんかい！　ほな袋自体捨てとけよ!!」と自分に自分でキレる。

マスクをつけてないと、なんだか裸にさせられた気分だ。恥ずかしいしパニック状態に陥る。そして裸同様、ないとしっかり顔が寒い。ホテルのロビーに戻ってマスクを一枚もらえないかお願いしようかとも思ったが、やはり恥ずかしいので断念した。

「そうだ　コンビニ、行こう。」

あまりにもパニックになり過ぎてあまりにも有名な京都観光のキャッチコピーのようなシンプルな決断がかなり遅れてしまった。道路を渡った先にあるコンビニが、まるでオアシスに見えた。だが問題はどうやって「裸」でコンビニに行くかだ。

とはいっても厳密には裸ではない。紐が切れているがマスクはある。破れているが服はあるのだ。

幸いリュックだったので両手は空いている。けれど、紐が切れたマスクの左側を左手でしっかりと押さえながらマスクを買いに行くのは恥ずかしい……という思いにかられてしまった。親知らず抜きたてか、みたいな。この期に及んでなんのプライドやねん、とつくづく自分が面倒くさい。

結果、マスクを噛むことにした。

マスクをした状態のまま、上下の前歯でマスクの中心部を噛むというスタイルでいくことにしたのだ。噛むことによってマスク全体を支え、マスクをつけている風を装う。「禰豆子でカモフラージュ」作戦、ともいえる。

今思うとどう考えてもこちらの作戦の方が恥ずかしいはずなのに、なぜ手で押さえるより噛むという作戦を選んでしまったのか、まったくもって謎である。人なんてそんなもんさ。

「二択をまちがったっていいじゃないか　にんげんだもの」

そんなふうに、しっかりと噛んだままコンビニへ入った。すぐにマスクの売っていそうな棚を見るが、マスクがない。このご時世にマスクがない？　焦りながら探すと、マスクコーナーが少し奥に設けられていた。手前でいいやん、と思いながらマスクを選ぶ。スモールだのラージだの、蒸れにくいだの呼吸しやすいだの、白だのピンクだので、ざっと10種類以上のマスクがあった。多すぎる。どうりで少し奥になるわけだ。これだけ種類があれば専用のコーナーが設けられるはずだ。最速すぎる伏線回収がなされたが、今度はどれにしようか迷ってしまう。

母親と一緒に入店してきた男の子が僕の顔を凝視していた。そりゃそうだろう。冷静に考えたら表情筋はつながっているので、マスクを内側から噛んでいると目が見開いて鬼の形相になっているはずだ。いくら顔の上半分しか見えてないとはいえ、そんな顔をしている大人がいたら見てしまうよね。鬼の形相のまま少年に微笑みかけたら、目があったことにびっくりしたのか逃げて行った。

一番無難な白いマスクを手に取りレジへ向かうと、店員さんに「袋いりますか？」と聞かれた。しまった、喋ることを想定していなかった。マスクの内側の噛み合わさって

いる上下の歯の奥の舌を巧みに動かして、

「は、はいひゃうふです」

とかろうじてだが、「大丈夫です」が伝わった。

すぐに入り口横の狭いイートインスペースで7枚入りのマスクを開封する。開封する際に下を向いたら左上の紐が垂れていたことに初めて気がついた。せめてマスクの内側にしまっておけばよかったのだが、そこまで気が回らなかった。

そして一枚一枚包装されているマスクのビニールを破こうとした時、ガラス越しに自分の顔が見えた。

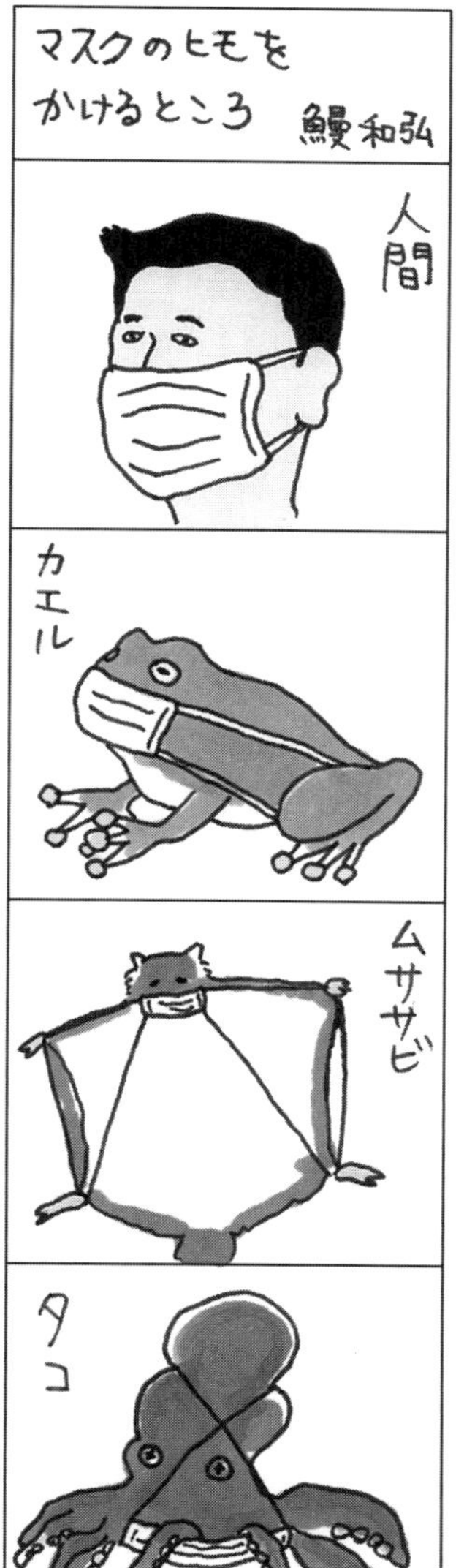

マスクの紐

「えっ、こんなに噛み締めてるのバレバレな感じやったん？」

外から見たらそんなにバレていないと思っていた。少なからず、もっとナチュラルに「普通にマスクしてる風」を装えていると思っていた。完全犯罪ならずとも、まあまあ逃げ切れる範囲内だと思っていたのに。

いやもう古畑や金田一じゃなくても、誰でも謎が解けるやつやん。はじめから気がついてたやつやん。恥ずかしい。実に恥ずかしい。これは恥ずかしい。

きっと店員さんも、

「マスクの紐切れて無理矢理マスク噛んでるやつが目見開いて急いでマスク買いに来てるわ」

と思ったことだろう。うんこ漏らしたやつが内股でコンビニにパンツ買いに来てるのと一緒やん。あからさまやん、バレバレやん。

急にめちゃくちゃ恥ずかしくなった。

マスクの紐が切れてからほんの5分くらいの出来事だったが、サスペンス映画を見終わった時と同じくらいの疲労感を抱いた。

新たなマスクを装着して相方の鰻と合流した。もちろん、「うんこ漏らしてませんよ

〜」と、何食わぬ顔を装ってだ。君が寝ている間に事件はあっという間に解決したのだよ。安心してまたお眠り……。

　そうして僕ら二人が乗り込んだタクシーは、ちょうど事件現場のコンビニの横を何事もなかったかのようにゆっくりと通り過ぎて行った。

飛行機

仕事柄、移動で飛行機に乗る機会がしばしばある。

極まれに、国内線で普通席よりちょっとだけいい席を用意していただくことがあるのだが、ありがたいと思いつつ、いつも少し緊張してしまう。

まず、席に着くとＣＡさんが丁寧に挨拶してくださる。

「いや、自分の力で勝ち取った席ではございませんので……。あくまで仕事で……」と、必要以上に恐縮してしまう。

座席の前に置かれている、ビニールで包装されたスリッパに履き替えるかどうかもいつも迷う。

「1時間くらいの移動なのに、あいつ靴脱いでまでくつろぎたいねんなとか思われてへんやろか」みたいな。

しかも、ご丁寧に靴べらまでついている。靴べらが必要な靴なんて、日常生活で履いたことがない。

離陸してしばらくすると始まる飲み物のサービス。これもまた緊張する。

ベルト着用サインが消え、ワゴンが前方から動き始める。すぐに眠るつもりだったので目は瞑《つむ》っているが、まだこのタイミングでは寝られていない。「飲み物は何にされますか?」という声がどんどん近づいてくる。このまま寝たふりをしておくべきか、それとも起きて飲み物をオーダーするべきか。ただ、直前で目を覚ますのはあざとくはないか。

結果、たまたま近づいて来た声で仕方なく起きてしまった奴、を演じる羽目になる。目をこすりながら、抑えたあくびもしてみせる。下手過ぎる、そして絶対にバレている。

コーヒーにするか? いや、さっきまで寝ようとしていた人間がコーヒーを飲むか? と考え過ぎてより恥ずかしくなる。それとも、あの美味し過ぎるコンソメスープにするか? いや、さっきまで寝ようとしていた人間が熱々のコンソメスープを飲むか……?

ワゴンが近づく2、3分の間で僕が出した結論は、リンゴジュース。誰がどう見ても無駄過ぎる思考を巡らせてしまった。飲み物一杯を最大限しっかりと享受しようとする自分のいやしさも情けない。

そんな僕だが、搭乗してすぐに眠りこけてしまう時もある。着陸前にふと目を覚ますと、前の座席の背面に「お目覚めですか?」というピンク色のミニチラシみたいなものが貼られていたことがあった。40年以上生きていて、「お目覚めですか?」と声をかけられたことなどただの一度もないから、一瞬意味が分からなかった。超能力で世界を牛耳ろうとする秘密結社の勧誘のようで怖い。

よくよく見ると「お飲み物などのご要望がございましたら乗務員までお知らせくださ い」と書かれている。ピンク色というのが緊急事態感を醸し出していてより怖い。

こんな貼り紙をわざわざしなければならないのは、

「わしが寝てる間にドリンクサービス飛ばされとるやないかい! はよ、わしのドリンク持ってこんかーい!!」

と、悪態をついた方がいたからだろう。一人のクレーマーによってこのピンク貼り紙が何枚もコピーされているかと思うと切なくなる。そしてこのピンク貼り紙によって、「ドリンクに執着している感」が確実に僕から出ているのも恥ずかしい。

たまに出てくる機内食も、国内線の1時間ちょっとの移動に「無理しなくていいのに〜」といつも思ってしまう。

旅行でならなおさらだ。せっかくなら目的地に着いてから現地の名物を食べたい。そもそも、地に足つけて食事したい。

おそらく、忙しすぎるビジネスマンのため、なんだろう。国内を飛び回って会議や交渉をして、それが済んだらすぐに本社へトンボ返り。結局ご当地のものも食べる時間がなかったぞ、小腹が空いたどうしよう、ああ機内食助かる〜という感じなのか。

こんなことを言いながらも機内食が出されたら僕は絶対に食べる。めちゃくちゃ美味しいから、あれを断る勇気はまだない。

飛行機といえば、着陸態勢に入った時に「リクライニングを元の位置に戻してくださ い」というアナウンスがある。過去に一度、リクライニングを少し倒して爆睡していたところを起こされて、慌てて戻したことがあった。起こすという手間でCAさんのお手を煩わせるのも申し訳ないやら妙に慌ててしまったのも恥ずかしいやらで、いつからかリクライニングを倒さなくなった。

その日もいつものごとく「リクライニングを元の位置に戻してください」とのアナウ

ンスがあった。

自分には関係ないと余裕で優等生顔をしていたらCAさんから遠慮がちに「お客様、リクライニングをお戻しください……」と言われた。

搭乗してから何も触っていないと自覚していたし、そもそも一番注意していたことだ。こんなに切ないことはない。

そして思わず、生まれも育ちも兵庫県の生粋の日本人にもかかわらず、肩をすくめ小さく両手を広げ「これがファール?」「今のプレーでイエローカードは厳しすぎますよ」と、審判に抗議する海外のサッカー選手のようなジェスチャーをしてしまった。「すいません!」とすぐにリクライニングを戻せばいいのに「な、なにも最初から触ってなかったんですが、なんでやろ……」と、自分の正当性をアピールするかのように。

しかもこれが2回あったのだ。本当に何も触っていないつもりだから、到着した途端、相方の鰻に即座に報告してしまった。

「ほんまに倒してないねんで!」

と、僕もなんで必死に鰻にアピールしているのだろう。もちろん鰻は審判ではない。

そんな必死の形相の僕を横目に鰻は、

「ていうか飛行機って乗るより操縦してみたいねん、今からパイロットの試験受けたくていろいろ調べてるねん、合格する確率ゼロじゃないからな」

と、興奮気味にはしゃいでいる。いつの間にか会話の主役が鰻に切り替わっている。気が抜けた僕は「いやいやゼロなのよ。そもそも漫才師が滑走すなよ、滑るが入ってるやないかい！」と、心の中でツッコみながら飛行機を降りた。

携帯電話の機種変更

携帯電話の機種変更がめちゃくちゃ億劫だ。いつも限界ギリギリ、いや、もはや壊れてから機種変更していると言っても過言ではない。

何年も使い続け充電の減りがかなり速くなったりボタンの反応速度が遅くなったり、電源が不意に切れたりして「さすがにもうそろそろしないとな……」と重い腰を上げながらすぐに、「でも今日はまだいいか」と思い直し、結果、電源を押しても何の反応もしなくなってから携帯ショップに駆け込むという最悪のパターンをいままで繰り返している。

現在所持している携帯は使って2年目くらいに液晶画面にほんの小さな亀裂が入った。なにが原因で入ったかはわからない。

なぜなら、機種変更が嫌い過ぎる僕は外的損傷で次の機種変更までの期間がいたずらに早まらないように慎重過ぎるほど丁寧に扱っていたので、携帯を落とすことなどないからだ。

それからさらに2年使い続けた結果亀裂はどんどん大きくなっていき、亀裂の端の方からボロボロと少しずつガラスが剝がれ落ちていく始末。

しかも最近では画面をタップしても反応してくれない回数が日に日に増していった。それでもやはり、機種変更の壁は高い。

そもそもなぜ僕がここまで機種変更嫌いなのかというと、これまで無事に機種変更できたためしがないからだ。データが消えたり、パスワードを間違えてうまく引き継ぎできなかったり、バックアップも全然取れてなかったり……まぁトラウマなのです。

それに新しい携帯になった途端の手に持った時のサイズの違和感、スムーズに使えないあのもどかしさ、便利になること以上に感じる、前の携帯の知り尽くしている操作への未練。結局そんなものは、1週間も経たないうちに簡単に慣れてしまうというのに(携帯の機種変更について書いているはずが、なんだか物事の真理にふれている気がするのは僕だけだろうか）。

　僕は１９８０年生まれだ。

　幼い頃には、iPhone なんて当然この世に存在していなかった。

電話といえば黒電話で、手作り感満載のミニ座布団みたいなのに鎮座し、サングラスセレブマダムが散歩させているワンちゃんの服みたいなパッチワーク布を電話に着させていたような時代だ。

　高校時代の後半にはポケベルが流行っていたけれど、男子校で彼女もいなかった僕は特に必要性を感じなかったのでポケベルは通らず、大学でやっと携帯電話デビュー。しかもそれはほとんど電話するためだけのもの。液晶画面はモノクロで、短い線の組み合わせで文字や絵を表す、なんとも言えない味があった。初期のたまごっちみたいな感じだ。画面はうっすら緑に光っていた記憶がある。

　そこからショートメールができるようになり、送れる文字数も今の Twitter で呟くよりも断然制限があった携帯を経ての今だ。黒電話でダイヤルを回していた時代から今の携帯への進化のスピードが果てしなく速すぎる。

　本音を言うとビビっている。携帯電話にビビっている。デジタルの進化にめちゃくちゃビビっている。追いつけていない。

ハイスペックのパソコンがこの小さな携帯電話に、僕らの手の中に集約されてしまっている。扱いきれていない。本当の「ダイヤル回して手を止めた～」なのだ。あの時代あたりで僕は止まったままだ。

どんどんアップデートされ続けていく携帯の進化を享受できていないもどかしさと、こんなにも便利な機能を使いこなせない絶望も相まって、身分不相応な恋ゆえに愛されないと知っているのに愛してしまいそうならいっそもう自分から好きになんて決してならないわ状態。

でもいつまでも進化に、自分の中のこの恋心に目を背けるわけにはいかない。僕は大きな決断をした。

携帯が壊れる前に機種変更をする。他人にとっては小さな一歩にすぎないが、僕にとっては偉大なる飛躍……なのだ。

早速仕事のスケジュールが記載されているカレンダーを見ながら、機種変更できそうな日を探る。その週の木曜日の夕方が空いていたので行くつもりでいたが、当日は朝から雨で億劫になり行くのをやめた。行かない理由をくれた雨に少しだけ感謝した。

次の木曜日の夕方、また行けそうなスケジュールだった。天候に振り回されないよう、携帯ショップに予約を入れようと試みる。ただ機種変更をどの携帯ショップでするべきか迷う。相方の鰻とマネージャーに聞けば、二人ともどこでも一緒だと言う。

マネージャーにいたっては「ていうかお店行かなくても今もうネットで簡単に機種変更できますよ〜」とのたまってきた。全くわかっていない。機種変更への畏怖、ｉｆもしもを想定していないやつの考えだ。強者の理論は僕の胸には響かない。

ショップ店員さんに「えっ、こんなんもわからんの？」と呆れギレ顔されるのが恐怖すぎて「機種変更　都内　優しい」で検索する。優しければ都内どこまでも出向く覚悟は持っていた。

どうやら渋谷区のとある携帯ショップが優しいらしい。

家の近所でも仕事先の近くでもない何のゆかりもない場所にある携帯ショップを予約する。

木曜日当日を迎えた。天気は晴れ。絶好の機種変日和だ。一番仲の良い後輩の、にしむらべイべーくんに付き添ってもらう。にしむらべイべーくんはパソコンやデジタルになかなか詳しい。40過ぎのおじさんに30半ばのおじさんが付き添う、最強の布陣で携帯

予定通り間に合いそうです
鰻 和弘
予定通り
間に合いそうです
予定通り
間に合いそうです
予定通り
間に合いそうじゃ
予定通り
間に合いそうです

ショップへ。

予約していた時間より早く着き、番号札を取り待機する。5分も待たずに番号を呼ばれる。

いざ出陣！という僕の意気込みとは裏腹に、最初は料金プランの見直しを提案されたのだが、どうみてもデキる店員さんだった。トークうますぎて逆に危ないんちゃうか高いプランとか知らんまに入らされるんちゃうかと一瞬疑ったくらいだったが、わかりやすく丁寧な説明にいちいち納得させられ、しかも前よりかなりお得になった。

「当たりだ！」

失礼かもしれないが、思わず心のなかでガッツポーズした。「機種変更　都内　優しい」で検索しただけあった。苦手で仕方なかった機種変更を乗り越えられるかもしれない。

そう高ぶったのも束の間、悪魔の一言で奈落の底に突き落とされる。

「データ移行の手続きと設定は別の者に代わりますので、少々お待ちくださいー」

か、代わる⁉

「ちょと待って、ちょっと待ってお兄さ～ん！」

お久しぶりの8・6秒バズーカーが脳内にこだまする。

初心者マークのカラーリングでデカデカと「新人」と書かれた名札をつけた店員さんが目の前に座った。

「ルーキーきたー‼」

プロ野球やJリーグの高卒ルーキー即デビューとは訳が違う。僕にとってのこの場合のルーキーは絶望しかない。

「だ、大丈夫なのか⁉」

声には出さないものの焦った。だがすぐに追加料金を払ってデータ移行の「安心見守りサービス」をお願いしていたことを思い出した。方法を教えてくれながら、データ移行が無事に完了するまで見守ってくれるという謎のサービスだったが、頼んでおいて正解だった。

そのルーキーは強めに握った拳を両膝にしっかりと置き、震える声で「お願いします」と言った。今から空手の試合でもするかのように。

資料を見ながら説明していくルーキーの、その心もとない説明を見かねたのかベテランぽい店員さんがサッと横についた。小さい声でルーキーに「あとこれ説明しないとダメだよ」と指示するベテラン。

僕の焦りはどんどん増していくなか、ルーキーが新人とは思えぬ大胆な発言をしっかりと物怖じしながら放った。

「……なんか、それだったらもう全部代わりにやっちゃってくださいよ」

耳を疑った。気持ちはわかるけど客の前で堂々と言うたらあかんやつやろ。というかルーキーよ、こっちに全部聞こえてもうてるぞ、もうちょっと小声で言わんかい。

心がざわついて仕方ない僕を横目に、ベテランが放った一言に再び耳を疑った。というかもう耳が捕まった。

「でもそんなん君がやらないと覚えないでしょ」

おいベテランよ、全部はっきり聞こえてもうてるぞ。ルーキーよりも大きな声ではっきり言わないでよ頼むから。

ルーキーは「デヘヘ……」と照れながら頭をポリポリと2回ほどかいた。4コマ漫画でしか見たことない光景だ。

どんなベテランでも誰しもが最初はルーキーなのはわかっているけれど、これほどあからさまにルーキーの試合経験の場に駆り出されているかませ犬の客だとさらされてしまっていいものか。せめてバラさずにやってほしい。


そしてルーキーは説明を終えると、元々使っていた携帯と新しい携帯を並べ「今から携帯のデータ移行を行います」と言った。オペみたいな言い方だ。

ああそうか、忘れていた。安心見守りサービスもこのルーキーがやることになるのか。不安が募る。案の定、早々になかなかデータが移行できないトラブルが発生し、テンパるルーキー。

すると、ずっと黙っていたにしむらベイベーが、データ移行できない原因をネットで調べてくれた。そのやり方を試みるとすぐに直る。

「データ移行って難しくないのに兄さんサービス入るんやって思ったんですけど、水差すのも悪いなって思って言えませんでした」

気が付かなかった。僕はもうすでに安心見守りサービスに加入していたのだ。400円も払ったのに、後輩がネットで調べたらすぐ解決するなんて……！

データ移行には結構な時間がかかったので、ルーキーと雑談をする。年齢、出身大学、前職、転職してきた経緯……。元の携帯からデータを引き出している間にルーキーのデータも引き出してしまった。

僕とベイベーはいつの間にかこのルーキーを一人前に育ててあげようという、謎の親心に満ち溢れていた。ルーキーの安心見守りサービスは僕たちの温かい目だ。

そして何とか無事に機種変更を終えられた。

あまりに簡単なことに驚いた。元の携帯のまま、アプリの配置もそのままでデータが移行されている。

結局僕は得体の知れない「携帯の進化」をよくわからないまま怖がっていただけで、近づいてみればそれほど恐れることはないものだとわかった。

いろいろ考えると2年後に再度機種変更するのが最適らしいので、今度は「ネットで簡単に」機種変更をしよう。

もちろんすぐ隣には、にしむらべイべーという名の安心見守りサービスについてもらいながら。

習い事の思い出

幼い頃ピアノ教室に通っていた。というか通わされていた。ピアノを習いたいなんて一回も言ったことはない。

格好良く弾いてみたいという憧れや欲求がなく、泣きながら練習をさせられていた記憶がある。よくぞ辛抱強く通っていたなと自分でも感心する。

当時周りの友達もピアノを習っている人が多かった。妹も習っていた。直接訊いたわけではないが、妹もピアノへの情熱は僕と同じくらい低温に見受けられた。

広い家でもないのに、リビングにどんと鎮座するアップライトピアノ。僕も妹も「ピアノ買ってちょーだい！」なんて要求したことは、もちろん一度もない。

白いレースのカバーがかけられ最初は大切にされていたピアノだが、そのうち扱いが雑になり、蓋をするとき鍵盤の上に敷かれるえんじ色の布はサブウェイのサンドイッチのレタスが如く、いつも蓋から少し飛び出していた。

将来ピアニストになるわけでもないのに家にピアノいらんて。ピアノ置くスペースで二人くらい寝られるって。僕や妹には、音楽の教科書の裏にプリントされている擬似鍵盤で充分やって。そんな熱量だったから、結局「猫ふんじゃった」さえ弾けず、全然「猫ふまず」に終わる羽目に……。

そういえばピアノの発表会も地獄だった。当時の記念写真には、白シャツネクタイに半ズボンという、『アラレちゃん』に出てくるオボッチャマンと化した僕が仏頂面で写っている。プロ化する前のサッカー選手くらい、足元の白いハイソックスは膝頭まで伸びていた。

他にもテニス、剣道、体操、水泳も習っていたけれど、ピアノ同様、自分からやりたいと言ったことはない。

冷静に考えたら全部個人競技で、大人になってからその理由をおかんに尋ねたところ、「団体スポーツの習い事やったら、親同士の付き合いとかめんどくさそうやん」

あまりにはっきりと言われて、文句の一つも返せなかった。どんなこともオブラートに包めない、いや、包まないのがおかんだということを忘れていた。

今振り返っても、どの習い事にもいい思い出が本当にない。

テニスはおかんと妹が先に習っていて「3人目からは月謝タダやから習え」と。理由にまったく納得できないまま、とりあえず一日体験に連れて行かれた。

その日は僕にしては珍しく風邪気味で体調が悪く、開始早々コートでゲロを吐いてしまった。さすがのおかんも慌てて、気まずかったのか、コーチに見えないようにラケットでゲロを隠そうとしていた。いくらラケットのガットの目が細かくてもそのセキュリティでは丸見えよ。

剣道もおかんの友達のお子さんが習い始めたというだけで習わされた。面倒くさい、いや「面胴臭い」と言うべきか。小学校低学年くらいだったから防具の面の紐を後ろで結ぶのが難しくて、練習が始まる前からいつも憂鬱だった。

ある大会の初戦、僕は近所に住む同級生の女の子と対戦することになった。小手が決まりあっさり勝ったのだが、その小手が決まるや否や女の子が痛がって泣きだした。自分のせいで泣いている女の子を前に勝利を喜べるほど僕も悪趣味ではない。無性に悲しく、テンションが下がったまま二回戦ですぐに負けた。ほどなくして僕はそっと竹刀を置いた。

体操教室はまだマシだった記憶がある。

体操といっても大玉転がしや玉入れといったレクリエーション的要素が強いものがメインで、とりあえず体を動かして楽しもう！というノリだった。でも当時の僕は極度の人見知りで無口だったので、色々な地域から通ってくる知らない小学生と仲良く喋れるわけもなく、仏頂面で大玉を転がしていただけだった。

そんな体操がなぜマシだったかといえば、夜8時くらいの帰り際、体育館の高い高い天井から放たれる照明のカクテル光線のような輝きだけは、いつも見るのが楽しみだったからだ。あの「夜の体育館」でしか見られない光線は、白いマットの独特な匂いとともに今でもまだ鮮明に覚えている。そういえば、天井にはずっとバレーボールが一つ挟まっていた。

天井といえば、僕はプールの天井を見るのも好きだった。

これまたおかんの別の友達がプールを経営しているという理由で水泳を習い始めたのだが、僕は泳ぐのが大嫌いだった。耳に水が入るのがとにかく気持ち悪かったのだ。ボボボーという、耳に水が浸入してきた時の音が怖すぎたし、プールからあがった後も耳に水が入ったまま取れない恐怖にも、常に怯えていた。

コーチに「耳に水が入るのが怖いんです」と伝えたら、水泳帽を耳まで覆うようにギューンと下に引っ張られ、深く被らされた。結果、クロールの息継ぎをする度に大量の水が入ってきて、とんでもなく逆効果だった。

だから息継ぎの必要がなく、最初から耳が水に浸かっているのでもう入ってこない背泳ぎができるようになった時は嬉しかった。

それに、背泳ぎだと屋内プールの天井を見ながら泳ぐことになる。体育館よりもっと

高い天井でいくつも光る白い照明は、耳が水に浸かっている分、周りの音が遮断され、僕を不思議と穏やかな気持ちにさせた。

これでは習い事の思い出というよりは、ただの天井マニアの思い出みたいだ。こんなに天井が好きなのは、僕か、ずっと挟まれているあのバレーボールくらいだろう。

色々な習い事を経て、30年ほどたってから息子が漫才師をしているなんて、おかんは夢にも思わなかっただろう。

そういえばつい最近帰省した時に、おかんと習い事についての話になった。

「ピアノも今全然弾かれへんし、何ひとつ身についてないで。なんであんな頑なに習わしたかったんや」と笑いながら懐かしんでいたら、衝撃的事実が発覚した。おかんは子供の頃にピアノを習いたかったけれど自分の母親が習わせてくれなかったので、どうしても自分の子供には習わせたかったらしい。なんやその「母の仇を子供で討つ」みたいなんは。

「ほんなら、おかんが自分で習ったらよかったやん」とツッコんだらすぐに反応した。

「最初は習ってたで。でも全然下手やったから、すぐ諦めてん」

子供に引き継がすなよ。いやもはや弾き継がすなよか？　頼むから自分の代で閉店してくれ、伝統も職人技の継承も関係あらへんがな、老舗ぶるのは勘弁だ。

僕が抗議の意を込めて捲《まく》し立てると、「え〜そんなん知らんやん、もっと先言うて〜や〜」と、猫撫で声で誤魔化してきた。

この目の前の猫をふんじゃいたいわ！　やっとついに猫ふんじゃえる‼という気持ちをグッと堪えて、僕は実家を後にした。

汁

汁が大好きだ。

まず、うどん、そば、ラーメンの汁。これらは言うまでもなく汁界における最高峰。

そもそも「出る汁」と書いて出汁《だし》と読むのからして最高だ。鰹と昆布の旨味ってなぜあんなにすごいのだろう？　鰹節に多く含まれているという旨味成分のイノシン酸、昆布に多く含まれているという旨味成分のグルタミン酸。特にこのグルタミン酸ってめちゃ言いたくなる。もはや響きだけでよだれが出そう。「グルタミンさん」とさん付けの方で呼んでしまいそうなくらい、体中に沁みわたる旨味。煮干しやうるめの出汁もなんであんなに美味しいのだろう。

ラーメンの汁！　もうなんなんですかアレは‼　一口含んだ時のあの多幸感。どんぶり鉢いっぱいに広がる宇宙。塩、醬油、味噌、豚骨。淡麗醬油とか言い出したのは誰や。淡麗って言葉のチョイス、完璧やん。

逆に濃厚だって完璧だ。豚骨醬油に魚介豚骨など、言語の組み合わせの妙がえげつない。豚から、牛から、鶏から出る「動物系の汁」も、あれほど凝縮されているのはなぜだろう。それらに煮干しを合わせたりすることもあるから大変だ。様々な汁の組み合わせによって、より最高の汁が生まれるのだ。

チャーシューを煮込んだ汁を醬油だれのかえしに初めて利用した人もすごい。旨味エコ汁でもあるのだろう。あますところなく汁となる。ラーメンこそ「汁アベンジャーズ」だ。いや、ここはいっそ「アベンジャー汁」と呼ぼう（「アベンジャーじゅう」と読んでください）。つけ麵のスープ割りなんて、凝縮された汁に洗練された汁を足して飲むわけやからね。汁で汁を割るという……。

潮汁《うしおじる》に至っては塩で味付けだなんてもうヤバすぎる。魚介類からええ出汁がめちゃくちゃ出ているのだからこれ以上なにを小細工する必要があるねん、的な覚悟を感じる。格好いい。粕汁なんてその名称によく耐えてくれているとも思う。あんなに美味しくて体が温まる汁物は他にないのに「カス」って。あんまりじゃない？　酒粕汁と正確に呼んで欲しい。

お鍋の汁はもはや尊い。崇め奉るべき液体だ。もはや汁をいただくために具材を食べているると言っても過言ではない。おかんがよく言ってませんでした？「雑炊するから、はよ具材全部さらってしまって〜」って。

具材が最後には邪魔になってしまうのだ。雑炊でしめてしまうと汁が全てなくなってしまうので、僕としてはその前にうどんか中華そばを挟んでおきたいところだが。雑炊にする段階でお汁の量が多かったら、わざわざ減らしもする。全部の米に汁がしっかり行き渡るように。これが本当の、「美味しすぎて、全米が泣いた」だ。

逆に汁が美味しすぎて少なくなってしまった時（僕の場合はそうなることがほとんど）、「水足そうか？」と提案をされることがあるが、あれは絶対やめて欲しい。せっかくここまで汁を育ててきて旨味が凝縮しまくっているのに、それをわざわざ水で薄めるなんて！　それならば昆布を足したり鍋の素のキューブを足したり、柚子胡椒を入れたり豆板醤を入れたり麺つゆを入れたり……。無味無臭の水を足すより少しでも旨味があるものを足したい。

その昔、芸人仲間の何人かでルームシェアをしていた時のこと。6日連続で鍋をしたことがある。汁を継ぎ足し継ぎ足し、まるで老舗の鰻屋さん並みに昨日の残りの汁に新しい鍋の素を入れてはまたその日の汁を残して、次の日また新しい鍋の素を入れて……。汁がなくなってしまうので雑炊だけは最終日まで我慢した。とはいってもその時は最終日がいつになるかなどわかっておらず、汁がなくなった日が結果、最終日になったのだった。

6日目の汁に1日目の汁の面影はあるのか？と疑問に思われるかもしれないが、果たしてそれは僕にもわからない。ただ、あると信じて食べた。今までのエキスがたっぷり染み込んだ汁を米一粒一粒が纏《まと》い、もう完全なる雑炊だった。旨味の増水の雑炊だ。黄金に光る米を、ゴールドラッシュが如く黙々と口に放り込んだ。うまい、うますぎる。

おでんの汁もいい。色々な具材が長時間浸かっているのでとんでもない汁になる。できあがりの汁の状態から逆算して具材を選ぶくらいだ。つみれを入れたら魚の出汁、練り物からも実にいい出汁が出るとか。その出汁をまた具材達が自分自身に染み込ませていくから……。汁循環式の魔法だ。大根なんてもう、あれは汁を収納する最高の器だろう。汁という素晴らしい脚本ありきで具材をキャスティングしていくとも言える。その場合、大根は大根役者みたいになってしまうが、それは根も葉もない噂にすぎない。大根は根も葉もあるからややこしいけれど。

最近では、日本酒をおでんの汁で割る「出汁割り」なるものが存在するみたいで、試しに頼んでみたらもう無限ループ確定だ。最初に試みたのは誰や！　よくぞやってくれた！「行儀悪いで！」とか「なにしてんのそれ！」とかいう誹《そし》りを、恥も外聞もなく正面突破で乗り越えてくれた結果だ。

最初は、汁を口に含んだまま日本酒を飲んでみたのだろうか。汁をアテに日本酒を飲めてしまうのにそれを渾然一体とさせてしまうとは、リンスインシャンプー以上の離れ業だ。その組み合わせの絶妙さたるや、無限に飲めてしまうのは至極当たり前なのだ。

松茸の土瓶蒸しに最初に出会った時は、本当に面食らった。

「な、なにこれー‼」

土瓶から注いだ汁をお猪口で飲むの⁉　汁を楽しむ所作としては最高峰と言えるだろう。一番の汁リスペクト。松茸の香りも閉じこめられていて、あれはもう秋を啜《すす》っているのと同じだ。季節を吸うなんて、なんとまぁ粋なことよ。

最近、白菜と舞茸と缶詰のサバの水煮を一つの鍋にぶち込んで鶏がらスープで炊くのが簡単でよく作っている。言うまでもなく、この炊いた後に出る汁が最高だ。白菜と舞茸から水分が出るのであえて最初に入れる水はめちゃくちゃ、本当にめちゃくちゃ少しにする。サバの水煮からも水分を拝借しているから、汁の成分はできるだけ旨味の率を上げたい。

その少しだけ入れる水も、サバの水煮を投入した後の缶を器にして入れる。そうすることで缶に取り残されたサバの身の残党も一気に流しこんで、少しでも汁の旨味に貢献してもらうのだ。

最初は、「え！　こんなに水分なくていける？」みたいな声が鍋の中から聞こえてきたが、蓋をしてしばらく煮込むと「わ、えらいすんません！　こんなに水分出てくるんですね、失礼しました！」なる謝罪が聞こえるとともにグツグツと音をたて始める。

豚のおいしい出汁が出る瞬間
鰻　和弘
熱いお湯に入る
サウナに入る
運動をする
風邪をひく

この突如現れる水分、つまりはこの段階での「汁」を見るのも大好きだ。この汁にラーメンを入れて煮込んでも美味しいし、ラーメン後、翌日の雑炊も最高だ。チーズをかけてリゾットにするのも大いにアリ。

リゾットと言えば、イタリア料理のアクアパッツァなんて汁がヤバい、ヤバすぎる！イタリアの人ようわかってはるわ〜。フランス料理のブイヤベースもしかりで、フランスの人も汁に対するセンスありまくりやん！と、勝手な激賞が止まらない。スペイン料理のアヒージョ、言ってみればあれも油の汁。さすがやで。汁への愛は世界共通ということだろう。

牛肉の赤ワインソース、あれも最高。ソースは言わずもがな汁だから。かける汁だから。肉を焼いたフライパンから一旦肉を取り出し、赤ワインやバターを入れてソースを作る。肉の旨味、まさに肉汁の旨味がフライパンに出てしまっているのをむしろソースにするという発想。ソースをかけられた肉側は自分の分身が再び帰ってきたと喜ぶだろう。そして肉を食べたあとバゲットにつけて汁を余すところなく味わうあの行為、素敵すぎる。汁は一滴残らず平らげたい。

貝もやばい！　網の上に並べて焼くだけの浜焼きなんて最高だ。貝の口がパッカーッと開く瞬間にはこの上なくうっとりする。

「汁こぼすな！　絶対に汁こぼすなよ‼」と、殺人の現場検証並みの緊張感もたまらない。一滴残らず口元まで持ってこいという、あのハラハラドキドキの動線も大好きだ。醬油を貝に直接かけるのもたまらない。貝から出る汁とあいまって旨さが跳ね上がりすぎる。ホタテのバター焼きも最高。バターが溶ければそれは汁。バター焼きのことをソテーと初めて呼んだ人と握手したい。「ソテー」という響きがまた、この上なく旨そうな汁を想起させる。

あさりの酒蒸しもええ汁が出ている。

牡蠣もいいですねぇ。焼かずとも炒めずとも蒸さずとも、牡蠣の殻付きのやつをそのまま口に縦に持っていき「トゥルン」と放り込む、あの一連の動きも最高だ。磯の香りが旨味ウォータースライダーのように頰から喉へ高速でかけ降りてゆく。鼻孔からラッセンが如く海のお出汁のイルカが飛び出しそう。

そもそもよく考えたら海が塩分を含んでいること自体がすごいことだ。地球を味付けしているのと同じだから。海って最強の汁だったのだ。

健康に必要な栄養素をバランスよく取れて日本人にとって理想的な献立が「一汁三菜」ということは、ずっと昔から言われてきたことだ。こうして書いてみると「一汁」

のメインボーカル感たるや！　一汁だけが一つのマイクを単独で使い、三菜は後ろで3人でコーラスしている感じ。一汁の輝きは唯一無二だ。

まだまだ僕の知らない「汁」は世界にはたくさん存在するだろう。そんな「知る人ぞ知る」というより「知る人ぞ汁」を今日も僕は探し続ける。誰かに出し抜かれないように……。「出汁抜かれ」たらたまったもんじゃないから。

オシャレなカフェにて

来週収録の番組からアンケートの宿題が出ていた。再来週収録の番組からもアンケートが来ていた。この前アンケートを送った番組さえ追加でさらにアンケートが来ていた。もはやアンケートマトリョーシカだ。

その日は休みだったけれど、家で作業ができるわけがない。Netflix、Amazon プライム・ビデオ、TVer と娯楽のコンテンツの誘惑は宇宙過ぎて、エンタメのブラックホールに吸い込まれない自信がない。

そうだ、カフェに行こう。

とりあえず自転車に乗って一駅先まで探索していると、外から見ても広くて落ち着いていそうな激烈オシャレカフェを発見した。

めちゃくちゃ広くて内装もオシャレ、照明も明る過ぎずとにかく全体的にいい塩梅のオトナな空間。喫茶店ではなく、カフェとしか呼べない雰囲気。アンケート作業の苦しみを、オシャレなカフェの華やかさで自分を高揚させて乗り切ろうという作戦だ。

優雅だ。実に優雅だ。いい、いいぞ。

ただ、すぐに面食らってしまった。メニューさえもオシャレ過ぎて頼み方がわからない。コーヒーの種類が漢字やったぞ。松、竹、梅ならぬ、極、雅……もうひとつ思いつかんけど、なんかそんな感じのやつだった。

しかもその漢字の上下に「～」がついていた。「～季節のタルタルソースを添えて～」みたいな、もはやフランス料理かいな。その上、漢字の横にアルファベットで読み方が書いてある。縦書きのアルファベットほど読みにくいものはない。

メニューの中身がよくわからないまま、焦ってメニュー表の真ん中のコーヒーを頼んでしまった。ただただ真ん中だっただけ。オシャレが過ぎるこの状況で、落ち着いて注文できる人はいるのだろうか。

注文を受けてから豆を挽きドリップするみたいで、待っている間、入り口横に並べられたクッキーやボトルのアイスコーヒーを興味がないにもかかわらず後ろで手を組みながら眺める。しばらく眺めていたら、いつのまにかテイクアウトメニューや絵画的に飾られているお店の歴史年表も熟読してしまった。その年表の説明の、字体もオシャレだ。その時代にこのフォントなかったやろと思わず口に出してしまいそうになった。お店の雰囲気に違わず、創業者の男性もとんでもなくオシャレ。そういえば店員さんもオシャレだ。オシャレが過剰すぎやしないか。

もはや手持ち無沙汰で、アディショナルタイムに突入かと思ったらコーヒーが出来た。正方形のお盆にのせられた軽く波打つ真っ白いコーヒーカップ。いい、実にいい。シンプル・イズ・ベストなお盆とカップを手に席を探すと、1階にはガラス越しにでっかい焙煎機を拝める席が何席かあった。コーヒーマニアにはたまらない席だが、ただただメニューの真ん中というだけで注文した僕にはいささかハードルが高い。

奥の階段から2階に上がると、さすが激烈オシャレカフェ、お客さんも皆オシャレ。無人の椅子にかかっているのはGジャン。席取りの相場はカバンじゃないのか。

空いていた窓側の席に座ったのだが、椅子というか、チェアーの座り心地も抜群だし、机というか、テーブルもビンテージっぽいウッドテイストで渋い。本当のビンテージなのかビンテージ風なのか僕にわかるわけがない。もしかしたらヴィンテージと表記するべきかもしれない。

さっそく作業に取り掛かろうと、カバンからボールペンとノートを取り出しテーブルに広げる。どちらも100均で購入した、親しみやすい文房具。なんだか急に恥ずかしさが襲ってきた。万年筆と真っ黒のレザーノートにすぐ買い替えたろか。トランプのポーカーでいえば全部チェンジでと言いたくなるくらい、今の僕の手札はこのカフェに似つかわしくない。

だが嘆いたところで手札は変わらない。万年筆でなくても面白い回答は書けるはずだ。よっしゃ頑張りますかと、意気揚々と腕まくりをしようとしたら半袖だった。

コーヒーを一口飲んで落ち着きを取り戻し、ようやくアンケートに向き合い始めた矢先、視界の右端が歪んだ。貧乏ゆすりだ。隣の女性の貧乏ゆすりがえげつないのだ。

僕も無意識でしてしまうときがあり相方の鰻から注意されるのだが、永遠に止まらない気がするほどの勢いとリズムは、はっきり言って不快だ。とにかく気になる。

しかもこの女性の場合、縦揺れタイプじゃなくて横揺れタイプの貧乏ゆすりなのだ。もうエクササイズレベルで揺れている。

例えるならば、「アホ」でおなじみの坂田利夫師匠の名人芸、座って手を叩いた後に足を叩くことを交互に繰り返す、あの足の動きとそっくりだ。止まることなく坂田師匠が繰り返されている。

怪しまれない程度に横目で確認するとその女性は一心不乱に読書をされていて、オシャレな黒革のブックカバーは、完璧にこのカフェとマッチしている。素敵だ、実に素敵だ。ただひとつ貧乏ゆすりを除いては……！

もちろん他人を凝視するつもりはさらさらないし、むしろこの呪縛から解き放たれたいのだが、アンケートに集中しようとすればするほど、絶妙に視界に入ってくるから困った。

僕がどうしても集中できずにいると突然揺れが止まり、今度は足を組み始めた。いよいよ終了の鐘が鳴るのかと期待した途端、「おーっと！　再び動き始めた!!」。プロレスの3カウントを2・9で跳ね返した時の実況やないねんから。

今度は足を組んで前に出された右足が前後に大きく揺れている。ゲートボールのスティックか大きな古時計の振り子か、はたまた浅間山荘の鉄球か、くらいの激しい揺れだ。さらに、そこから右足の足首を軸に上下に動かすパターンに変化した。貧乏ゆすりのバリエーション、何種類あるねん！

気がつけば入店してからもう30分も経過している。アンケートにはまったく集中できない。揺れが止まればペンを手に取るのだが、すぐに動き出す。他の席に移動しようにも、あいにくオシャレボーイアンドガールたちで満席だ。

こうなったら意地だ。どうしてもこのオシャレ空間でアンケートを終わらせてやると思ったら、遠くの席が空いた。

よしっ！と移動しようと思った途端、おじさん3人組が階段を上がってきてその席を奪われてしまった。色違いではあるが、全員チェックのシャツでハイキング帽みたいなのを被っている。楽しそうに談笑しているがその声がデカい。「ほんで室内で帽子とらへんのかい！」と無意識に脳がツッコミを始めていることに気がつく。ますますアンケートに集中できない。

自分の不甲斐なさにマスクの下で唇を嚙み締めていると、おじさんたちは仕事の話をし始めた。何やら資料らしきものを広げ、分厚い手帳に真剣にメモまでとっている。「えっ！　友達じゃなくて仕事関係の集まりなの!?」。一体何の集まりなのか気になり過ぎて、気がつくと貧乏ゆすりへの意識は薄れてきていた。チャンスなんだかピンチなんだか、分からない。

相変わらずアンケートは1行も書けていないままさらに10分が過ぎると、会議が行き詰まったのかおじさんたちが静かになった。チャンスだ。再びペンを強く握りしめる。

だが静寂はすぐに破られた。「カチカチ、カチカチ」という音が聞こえてきたのだ。慌てて顔をあげると、おじさんのうちの一人が3色ボールペンの青のところをカチカチしていた。押しては戻し、押しては戻しを繰り返している。

この、カチカチの無限リピートが、僕は昔から苦手だ。ボールペンにしたら「書くんかい、書かへんのかい」の無限ループ。さながら、吉本新喜劇の名物ギャグ・乳首ドリル。行為そのものの意味が理解できないし、規則的な音は、確実に他人の意識を巻き込む。

激烈オシャレカフェの静かな空間に、貧乏ゆすりドラムとボールペンベースのセッションが鮮やかに繰り広げられるとは……。そもそも一番使わなさそうな青色をカチカチすなよ！と、言いがかりにも似たツッコミまで頭をよぎる。

オシャレなカフェにて

そういえば相方の鰻も色々な音を出すやつだ。慢性鼻炎気味なのでいつも口呼吸の彼は、お弁当を食べるとき口は咀嚼に持っていかれて息を吸えないため、慣れない鼻で吸おうとしてフガフガと言いながら食べる。フランケンシュタインか！

そして口からも吸いたくなるのか、しばしばご飯粒を飛ばす。缶コーヒーを飲むときも生ビールをジョッキで飲んでいるのかというくらいゴクゴク飲む。喉をものすごく鳴らすのだ。しかも飲んだ後、缶の飲み口の溝に溜まったほんの少しのコーヒーを「ズズッ！」と吸うので、2段階で音がする。ああ、やかましいな……！

しばらく鰻のことを思い出していたら、例のカチカチ音が意識から消滅していたことに気がついた。けれど「意識から消滅していたことに気がついた」途端、また「カチカチ」と聞こえてきてしまった。

結局他人のせいにしているだけで、僕が集中できていないだけ、ということが判明した。

何一つアンケートに記入できず自分の集中力のなさにびっくりしながら、備え付けのお店のアンケートだけ記入して店を出た。

他人の音があると集中できないという観念をまずは揺するべきだった。カチカチなのはボールペンではなく僕の脳みそだったし、カリカリしていたのはボールペンより僕自身の方だった。スラスラとアンケートへの回答が出てこなかったのは、ボールペンより……もうやめておく。

宿題のアンケートは明日楽屋で書こう。鰻の咀嚼音を聞きながら。

雄弁は銀シャリ

突然ですが、私、銀シャリ橋本は、よく喋るやつか喋らないやつかで言えば、皆さんはどちらのイメージをお持ちだろうか？　おそらく、十中八九前者だろう。

自覚もあって、漫才のツッコミを担当している人の中でも特に言葉数が多い方だと思う。先輩方が「うるさいなぁ～、よ～そんだけ喋れんな～」と愛情を持ってツッコんでくださることも多い。先輩曰く、息をするように喋っているそうだ。

自分で喋っておいて途中でなにか違和感を抱いたのか、セルフでツッコんでいる時さえあるらしい。質問した後に、喋りながら自分でその答えを見つけ出してしまうこともしばしば。

舌の根の乾かぬうちにとはよく言う表現だが、舌の根がもうビショビショというか、潤いが半端ないのかもしれない。

最近では漫才中に喋り過ぎるせいか、僕がボケだと思っている方もいるみたいだ。この前もあるライブで、漫才の登場前にモニターに写し出された銀シャリを紹介するキャッチコピーは「ツッコミ過ぎればボケとなる」だった。相方の鰻と比べてもめちゃくちゃ喋っていると思う。鰻と僕の喋る割合が2対8くらいの時さえある。蕎麦なら一番好きな割合だ。


ただこんな僕も、昔からお喋りだったわけではない。むしろ全くと言っていいほど喋らない子供だった。超がつくほどの人見知り。おまけに恥ずかしがり屋。それでもってかなりの心配性。気軽に話しかけられるわけがない要素のトップスリーだ。

幼稚園の時にはクラスのガキ大将みたいなやつに意地悪されて、よく泣かされていた。もちろん怒りは込み上げるし、顔も真っ赤になる。でも吐き出し方がわからなくて気づけば涙が溢れていた。目から流れる液体で、自分の中の悔しさやなんとも言えない感情をなんとか吐き出していたのだろう。本当に泣き虫だった。

小学生になってもそのガキ大将と同じクラスだったので引き続きよく泣かされていた。

先生が「相性悪過ぎるから、席を積極的に離していきます」と、わざわざおかんに言っていたくらいだ。

だから小学校低学年の時は、何かを喋っていた記憶がない。本当に全く思い出せないくらいに寡黙だった。

いや、良いように言い過ぎた。寡黙って響き、カッコええな。秒速で高倉健さん想起させるやん！　不器用さをカッコよさに昇華したスーパースターのように表現してしまい大変申し訳ございません。

剣道や水泳などをおかんに無理やり習わされていたが、習い事となると違う学区からも生徒がたくさんやってくるわけで、自分の学校でもあまり喋らないやつが違う学校の子たちと喋れるわけなんて当然なく、何の楽しみも感じられないままずっと習い事に通っていた。

競技自体にも興味がないし、習い事の醍醐味の一つ「仲良しのお友達とお喋りできるから楽しい」みたいなものも皆無で、よく何年も通っていたなとつくづく思う。

ここまで書いてきて改めて気づいたが、笑顔の思い出の記憶がない。ずっと曇りみたいな、なんか霧がかかっているイメージしかない。

これも小学生の時だったと思うが、親同士が仲が良い近所の同級生の女の子からバレンタインデーにチョコレートをもらったが、無言で受け取ってしまった記憶がある。おかんに「あんた、ちゃんとありがとう言いや！」と怒られた。ちゃうねん、おかんよ。アレは単純に言葉が出てこなかったのよ、恥ずかしすぎて。とにかく、観月ありさもびっくりの、稀にみるTOO SHY SHY BOY! だったのだ。

小学校高学年になるとようやく、気を許せるというか安心して楽しく喋れる友達が増えた気がする。それでも今のように超絶お喋りになったという感覚はない。あくまで仲間内の時だけ喋れるような子供だった。

中学受験で中高大とエスカレーター式の私立の学校に合格した。男子校ということもあり、そこは自分に合っていたと思う。女子の目がないのでモテようとかカッコつけようみたいな邪心が全くなくなるがゆえに、のびのびできたからだ。個性豊かな人が集まっていて、でもその個性を認めてくれる寛容さもあった。

僕はタッチフットボール部というアメリカンフットボールの中学生版みたいな部活に入り、そこでもたくさん友達ができた。

駅まで歩く部活の帰り道が特に思い出深くて、芸能人の話、スポーツの話、ファッションの話、昨日見たテレビの話、ドラマ、お笑い、エロい話。あの頃は喋るテーマが日々てんこ盛りで、何がそんなに楽しいのかというくらい腹を抱えてのたうち回るくらい笑っていた。初めてチームスポーツをやったことも、たくさん喋るきっかけになったと思う。

ただ、ここでエスカレーター式の罠が待っていた。

高校に上がると県外からもたくさん受験して新しい生徒が入ってくるのだが、僕は早々に人見知りを発動し中学校の同級生たちとばかりつるんでいた。エスカレーター式あるあるなのだが、それがまずいことにその後も続いた。

高校では楽をしたかったのと、中学で頑張ったけれど自分の実力もわかったので、帰宅部の一択だった。これはこれで楽しかったのだが、部活で広がるはずの友達の輪は中学生の頃の小さい輪のまま。大学でもサークルには入らずバイトも夏休みや冬休みに短期のバイトをしただけで、相変わらず友達の輪は拡大しなかった。

そんなこともあって、大学で急に現れた女子という存在に慌てた。喋れない、とにかく喋れない。中学高校と、女の子と全く喋ってないんだもの、当然だ。無理無理無理無理。赤いランドセルが急にブランドもののバッグに変わっていた。思春期丸出しの自意識過剰だ。

それに加えて大学では学部もたくさんあるので、中学校時代の友達の輪は一気にバラバラになった。大学時代が人生で一番喋っていなかったかもしれない。お笑い番組を観ていたか、サッカーを観ていたか、ゲームをしていたか。そんな記憶しかない。

本当に狭い世界で生きていた。身内だけ、自分のテリトリー内だけ。

学生時代の人との出会いがめちゃくちゃ大事だということに、この時は気がつけなかった。臆病な人間だったということに尽きる。

ここまで読む限り、息をするように喋るタイプでは全然ないと思われるだろう。でも実は、脳内でめちゃくちゃ喋っているのだ。自問自答が多すぎて、活字にしたらとんでもないくらいの量になる。

常にうるさいくらいに自分と自分で喋っていて、それを言葉として発するか発しないかだけで、結論を言えば僕はめちゃくちゃお喋りなのだ。自分で自分と漫才しているような気分になる時さえある。

なので一つお伝えしておくと、あなたの周りにいる無口な人、寡黙な人、物静かな人がお喋りでないわけでは必ずしもない。むしろ言葉をたくさん発している人よりも饒舌で、かなりのお喋りである可能性すら高い。

芸人になってからの僕がそうであるように、脳内トークが何かの拍子で外に発するモードに切り替わってしまったら、きっとえげつないくらい溢れ出すだろう。

その「外に発するモード」への切り替えのスイッチを押すことができるのが、気の合う友達と呼べる関係なんだと思う。この人の前ではつい喋ってしまう、話を聞いて欲しくなってしまうというような。

芸人という仕事をしてしばらく経った時、この脳内で湧き上がるお喋りを外に発してもいいんだということに気がついた。ムカついたこと、これおかしいやろと思ったこと、些細なこと、自分しか引っかからないこと、失敗して悔やんだこと、悩んでいること……。それらが全て、僕の場合ツッコミとなって昇華される喜び。この世界に入り、外に発することができるようになって初めて、僕は自分がお喋りなんだと自覚した。

しかも、周りはみんなお笑いが大好きでお笑いスキルの高い人達ばかりだから、取るに足らない話でも笑いに昇華してもらえる。芸人の先輩方のキャッチャーミットは、それはもうデカいのだ。こちらが大乱調なピッチングでも全部ストライクにしてくれる猛者ばかりだ。

というわけで、もともと脳内ではお喋りではあったのだけれど、僕はいつの間にかお喋りな方々の中でも特にお喋りな人間と認識されるようになった。でもまだまだ、マシンガントークというより水鉄砲トークくらいの勢いだが。

「雄弁は銀、沈黙は金」と言われますが、「雄弁は銀シャリ」でこれからもお喋りを続けていこうと思っている。

洗濯物

洗濯物を干すのはもっぱら浴室だ。

僕の家の洗濯機は乾燥機能がついていない縦型タイプなので、いつも浴室乾燥機を使って干している。

サンサンと太陽を浴びる天日干しの方が洗濯物たちもさぞ喜んでくれるだろうことは重々理解しているのだが、花粉や黄砂やＰＭ２・５が付着する心配もなければ、突然の雨で濡れてしまうこともない。なにより、洗濯機から浴室までたったの2歩の最短ルートなので、距離的にも浴室乾燥一択なのだ。

ただたまにボーッとしすぎているのか、洗濯機を回しはじめて「その間にシャワー浴びよう」と思い立ち、浴び終わって体を拭いてドライヤーで髪の毛を乾かしているくらいで、ピーッピーッと洗濯の終わりの合図が鳴る。そしていざ洗濯物を干そうとなると……そうです、浴室の洗い場はビチャビチャなのだ。湿気もすごい。やってしまった。

幸い一人暮らしなので自分の洗濯物しかない。仕方ないよねと自分に言い訳しながら、洗濯機から洗濯物を取り出しハンガーにかけ、浴室に干す。もちろん足の裏はビチャビチャになるから、バスマットで拭く。そしてまた洗濯物を取り出して……。

「いや今日どんだけ濡らしていくねん！　なんぼほど吸収せなあかんねん！」

「いや乾かす気ある？　どんだけ湿気多いところに突入していくねん！」

バスマットと洗濯物の両方からの苦情が聞こえるような気がする。

洗濯物といえば、夜遅く仕事から帰ってきてすぐにシャワーを浴びようと浴室に入ったら、洗濯物が干してある時もある。お先真っ暗ならぬ、お先真っ裸状態。今から取りこむのは面倒くさい。干してある洗濯物に対して、なるべくシャワーの水が跳ねないように、肩身狭くシャワーを浴びる。

「え？　乾かしといてそのままま濡れるの？　どういうこと？　アメとムチ？」

なんて声が聞こえてくる。ごめんよ、乾いている洗濯物。

挙げ句の果てに、干してあるタオルでそのまま体を拭いたりもする。横着の極みだ。

それに、浴室乾燥が終わっている時はまだいいのだが乾燥中にうっかりシャワーを浴びようとしてしまった時は、突然の熱気に襲われながら浴室に突入していくはめになる。体感的にはバックドラフトかってくらいの熱風がくる。ＵＳＪのアトラクションやないねんから。


洗濯は奥深い。

一人暮らしももう20年近くになるが、洗濯ネットに入れるべき衣服はどれなのか、正確には把握していない。洗剤の役割はわかるけれど、柔軟剤のそれはしっかりとは理解していない。

幼少期、実家の二層式タイプからスタートしている僕の洗濯史では、柔軟剤なんて意識したことがなかった。洗濯物は汚れが落ちているかどうかがすべてで、仕上がりのフワフワ具合を気に留めたことはない。父親がよく「フワフワよりガシガシの方が好きや」と言っていたせいか、今でも柔軟剤に柔軟に対応できないままだ。

柔軟剤の進化に負けず劣らず、洗剤も今は種類が豊富だ。

粉か液状か、部屋干し専用、柔軟剤入りから抗菌効果あり、スプレータイプのものまで。僕はアリエールのジェルボールというタイプを使っているのだが、初めて発売された時は本当に革命的過ぎて衝撃だった。

二つの勾玉《まがたま》を合体させたような、カンフーでお馴染みの太極図のような小さいボールを、ポンッと洗濯機に入れるだけでいいなんて。

ただ楽チンさゆえの難点もある。ジェルボールは洗濯機の底に入れないといけないのだが、たまに寝起きでボーッとしたまま洗濯物を入れ終えた後、

「あれっ、ジェルボールって入れたっけ？」

とわからなくなり、洗濯槽の奥深くまで洗濯物を掘ってジェルボールを探すという、

桃太郎が鬼退治に行ってからの
おばあさんのアナザーストーリー
鰻和弘
おばあさんは いつものように 川へ洗濯に 行きました
するとまた川上から 大きな桃が どんぶらこ どんぶらこ
ちがいました
鬼のお尻でした
ニコッ
桃太郎は鬼を倒したんだねぇ〜と 一足先におばあさんは 知ることができたんだとさ

謎の逆再生行為をやらかしてしまう。捜索を終えそもそも入れてなかったと気づいた時の情けなさと切なさは、大判小判の埋まってなかった「ここ掘れワンワン！」だ。

洗濯機を回すのは好きだが、洗濯物を干すのは嫌いだ。乾燥機能付きの洗濯機を買えばよかったかなぁ……としばしば後悔するが、買い換えるのも億劫で結局そのまま使い続けている。

干す作業の何が苦手って、薄いインナーシャツはなぜあんなにもハンガーに引っ掛かってくれないのだろう。いつも苦戦する。

今時のインナーシャツは素材が良く伸縮性がありしかも柔らか過ぎて、細いワイヤーハンガーでは到底太刀打ちできないのだ。縫い目のないシームレスなんてのもハンガーにかけたい時には逆にあだとなる。着心地の良さのアドバンテージも、かけ心地の前では無力だ。Vネックなんてもう地獄だ。Vネックの首の開いているところからハンガーの両端までずれ落ちてまったくハンガーの役割を成さない。ライチ剝いてんのか、みたいにツルリと落ちていく。

乾いたら乾いたで、ハンガーにかかったままのインナーシャツを片手で引き剝がそうものなら、もれなくその反動でハンガーが落下する。たまに粘って体操の大車輪が如く物干し竿を一周してから落下する時もある。見事に着地失敗。空の浴槽にダイブ。ビリヤードのブレイクショットかってくらい、空の湯船で弾け回るから厄介だ。

なかでも特に難敵なのはシーツだ。浴室乾燥でシーツを干すの難し過ぎるやろ！ドラマや映画でよく見る、大きい病院の屋上でしかあんなでっかいもん干されへんやろ！浴室ではもうピザのカルツォーネみたいになってしまっている。もはや折り畳まれて、本当に乾くのか？

これは一人暮らしあるあるだと思うが、僕は比較的いつも洗濯物がたまりがちで、休日に一気にやろうとしてハンガーが足りなくなるという問題に直面する。

洗濯物同士の距離のなさといったら、タオルが人ならソーシャルディスタンス的には即刻アウトな状況。つまりパンパン。もはや乾かす気などない。とりあえず全部干せればいいという欲求のみ。なにかに取り憑かれたように無心で干す。

家中のハンガー総出で干す。クローゼットからハンガーの助っ人を要請することもある。部員が少ない部活と同じで、野球知らなくてもいいから、とりあえず陸上部から足の速いやつ借りてくるか、みたいな。干し終えたらとにかく乾燥のスイッチを押す。もうこれで満足なのだ。

案の定それだけパンパンなので、乾燥の最大時間の6時間に設定してももちろん乾いていない。追い鰹ならぬ追い乾燥をかける。

乾いた後に洗濯物を取り込む時も相変わらず憂鬱だ。半端なく大量な洗濯物を前に、「こまめに洗濯すりゃいいものを、あたしゃ情けないよ……」と『ちびまる子ちゃん』のまるちゃん口調で自分にツッコみつつも、わかっちゃいるけどやめられない。いつも同じ洗濯の選択。「一番洗いたいものは？」と問われれば、もはやこの習慣から足を洗いたい。

そして最後の難関は取り込んだ洗濯物だ。どうせまたすぐに着るからと、しっかりとは畳まない。下着、靴下、インナーシャツ、タオルとで仕分けして、それぞれの所定の棚にぶち込んでいくだけだ。

しかも取り込むのは洗濯物だけでハンガーまでは取り込まない。常に浴室にかけっぱなしだ。いいマンションのコンシェルジュ並みに常駐しているハンガー。そんな常駐ハンガーだが、種類も大きさもバラバラだ。

クリーニングに出して返ってくる時についてくるハンガー、スーツを作った時についてきたハンガー、ワイヤーのハンガー、ＩＫＥＡのハンガー、実家から持ってきてこれもう何年使ってるねんのハンガー……。ベテランハンガーとルーキーハンガーの見事な融合がなされていて、スポーツならかなり強いチームだろう。常勝ハンガー軍団だ。

洗濯物についてあれこれと考えてみたが、結局僕は洗濯物にこれからもきっと関心がわかないだろう。ずっと心が乾いたまま、ドライなまま。柔軟に対応しないといけないのは僕の方だというのはわかっている。ただ、しんどい。

もう服を着たまま洗車機みたいなところを通ったらピカピカになってしかも乾いてるみたいな洗人機、誰か作ってくれないだろうか。

そんなことを考えながら洗濯機を回す。今日も僕にとって洗濯は洗浄ならぬ戦場だ。

えび天天の奇跡

今日は朝からラジオの仕事だ。めちゃくちゃ天気がいい上に、今日の仕事はこのラジオだけだ。仕事が丸一日休みの日よりも、朝から仕事をしてお昼過ぎには終わる日の方がベストかもしれないと最近思う。

仕事があるから強制的に朝早く起きるので、昼過ぎまでダラダラすることもないし、前の日に夜更かしすることもない。仕事が終われば昼過ぎには自由の身。最高だ。有意義に一日を過ごしている感が半端ない。

ラジオブース内で陽気に相方の鰻とトークを繰り広げる。3本まとめて収録したのに疲れはない。ニッポン放送を出ると相変わらず天気が良くて、颯爽と歩き始める。この前テレビで見た立ち食い蕎麦屋さんへ行ってみよう。スマホで調べると「徒歩20分」と表示された。絶妙だ。遠すぎても疲れるし、近すぎても面白くない。

街を軽快に歩いて13時過ぎにお店に到着した。既にお昼のピークは少し過ぎたところのようだったが、それでも空席は2席くらいしかない。

店に入るとすぐ左手に食券の販売機があった。迷う。初めて行くお店で食券機でメニューを選ぶ場合、かなりの困難がともなう。ボタンに書かれた表示だけではわからないことが多すぎるからだ。迷いながら、店の外壁に貼られていた写真付きのメニューを見るために一旦外に出る。テレビで見て気になった「紅しょうが天」や「よもぎ天」がのっているうどんや蕎麦の写真は一切ない。パニックだ。一体どれを頼んだらいいのだ……。

食券機のみに表示されているメニューなのか？と、再び店内に戻る。凝視しても紅しょうが天やよもぎ天の表記がない。そうこうしている間にお客さんが二人ほど外で並び出した。オフィス街のお店だったので「まずい、会社員の皆様のお忙しい中での貴重なお昼休みを妨げてはいけない!!」とかなり焦る。もうダメ元で押すしかないと天ぷら蕎麦のボタンに指をかけたが、瞬間、外で見た写真のメニューが脳裏にチラつく。天ぷら蕎麦ってかき揚げやったよな、せめてえび天がいいなと、えび天蕎麦のボタンの方に人差し指をスライドさせる。と、そのえび天蕎麦の横の、えび天天蕎麦というのが視界に入る。なんやこれ？　ようわからんけどもうこっちいったれ！と、覚悟を決めてボタンを押す。このように思考を巡らせていても実際の時間は1秒にも満たない。人間ってすごい。

えび天天。「テンテン」の響きでキョンシーを思い出した方は僕と同じ世代でしょう。こんにちは、松坂世代。えび天天の語感の構造は、きゃりーぱみゅぱみゅだけど。「ピー」という音とともに落ちてきた食券を手に奥のカウンターへ進む。わ、わわわ！カウンター横のショーケースの中に赤と緑のでっかい円形のものが置かれていた。赤いきつねと緑のたぬきやん！　鮮やかなポルトガルの国旗でもあり、さながら時期外れのクリスマスにも見える。探し求めた紅しょうが天によもぎ天、かしわ天、いわし天、ちくわ天などところ狭しと並べられていた。

しまった、ここにあったのか。そうだとしてもどんな頼み方をしたらよかったんだと思いながら、追加でトッピングをしようかなと迷っていたら、店員さんの声が耳に入ってくる。「えび天天蕎麦なんで、このショーケースの中から天ぷら一つ選べます。どれにしますか？」。マジで!?　やった、やったよ、ｏｈ～。こんにちは、キテレツ大百科世代。苦し紛れのえび天天が奇跡を呼んだのだ。二つ目の「天」は「もう一つ好きな天ぷらをチョイスできる天」で、まさに天からのおくりもの。

今日はいい日だ。ツイてるね、ノッてるね。こういう日は概ね勝ちゲームになることが多い。一個選べる。紅しょうが天かよもぎ天か……迷う。一瞬、追加料金を払い両方注文しようかと思ったが、そもそも平たくて丸い形状の天ぷらにおいて、二大巨頭のこの2種類が、一つのどんぶりの中に収まるわけがない。「この二つの円が重なり合う部分の面積を求めよ」って問いやないねんから……。少しニヤつく。それに、えび天天の最初の天、えび天がすでにのせられているのでなおのこと入らない。迷いに迷って、よもぎ天の方をチョイスした。

紅しょうが天を諦めたせいか「えび天天」というネーミングに今度は腹が立ってきた。主演ぶりやがって、えびめ。「本日の出演者、えび天　ほか」やないねん！　今日の僕に限れば「本日の出演者、よもぎ天と紅しょうが天」がベストやったのに。えび天め！いつまでも天ぷら界の王として君臨しやがって。確かに大好きではあるけれど今日だけは、よもぎ紅しょうがペア、よも紅ペアが観たかった。バドミントンのペアみたいに言ってしまったが、この色鮮やかな最強のバディを生でお見かけしたかったのだ。

瞬く間に用意されたえび天天蕎麦を空いている席へ運ぶ。どんぶりを上から眺める景色は最高だ。えび天とよもぎ天が蓋をして、もはや蕎麦は見えない。お出汁を吸い、奥底から蕎麦を手繰り上げてすすり、よもぎ天をかじる。カリカリとフニャフニャの間。これは「あいだ」ではなく「はざま」と読んでいただきたい。うまい！　いい、実にいい！　よもぎの香りが鼻腔をかけ抜ける。素晴らしい。ほのかに混ざりあう、えびの香りがいい仕事をしている。シャーロック・ホームズとワトソンばりのコンビネーションだ。

腹ごしらえが完了し、店を出るとまた少し歩く。気分が乗ってきて、このまま家まで歩きたくなってきた。調べると2時間10分と表示された。そんなもんでいけるんやと思いながらも、ご機嫌過ぎて調子に乗ってしまっていることにすぐ気がついた。「そんなもん」やあらへんがな。冷静に考えたらわかるがな。果てしないですやん。タクシーで帰ることにする。

家の前でタクシーを降りた瞬間、ダウンジャケットやアウター系をクリーニングに出したままでまだ受け取りに行けてなかったことを思い出す。近くのクリーニング屋さんへ行くと、ドアの前に小さなボードがぶら下がっていた。「14時〜15時休憩中」。スマホを見ると14時32分。休憩のド真ん中だった。

でも今日の僕は気分が乗っているんだ。はいはい、じゃあもう一つやっておきたいことあったんです、コインランドリーに行こうと思ってたんです、とすぐに切り替える。

最近のコインランドリーは靴専用の洗濯機があって、それがかなり良いとロケで知ったのだが、雨でぬかるんだ道を走ったせいで汚れたランニングシューズを、それで洗いたかった。シューズのアウトソールが初めから茶色いデザインやったんかってくらい見事にべったりと付いた泥が落ちるか、試せるチャンスだと。もはやスキップしそうなくらいウキウキで、一度家へ戻ってから近くのコインランドリーへ向かった。

ルンルン気分で到着すると、ガラスが透明なので入る前から薄々気がついてはいたが信じたくなかったので近づいて、改めて自分の眼で確認する。この場合は「め」じゃな

く「まなこ」と読んでいただきたい。入り口のすぐ左にある靴の洗濯機の前に一人のおじさんが立っていて、今まさに靴の洗濯機を使おうとしている。「嘘やろ?」という声をぐっと堪えた。コインランドリー内にはそのおじさん一人だけだし、いつもこの前の道を通っているけれど、靴の洗濯機を使っている人は一回も見たことがない。しかも手元を見れば、2足も洗おうとしている。

自分勝手なのは百も承知だが、心の中で「なんで今日このタイミングで靴を洗濯したいねん、しかも2足!!」と言いがかりの極致のような叫びが脳内にこだました。自分も平日のお昼過ぎという、よくわからない時間に靴を洗濯しに来ているにもかかわらず。というか、そもそも靴を洗濯するのにふさわしい時間っていつだ?

切ない。実に切ないが、さすがにこれは仕方がない。当たり前だが、このおじさんには何の罪もない。こうなるとなぜか、もう今日はクリーニングも取りに行かないぞという気持ちになる。謎の意固地が発動する。

靴の洗濯を諦めて家に帰ると録画していた番組が溜まっていたのでそれらを見て、夕方になったら番組用のアンケートを書いた。それも終わると、次の単独ライブの漫才のネタを作ろうとパソコンを開く。普段はノートに書くのだが、久しぶりに過去の映像を見ようとデータが入っているファイルを開く。すると、実に心地良くない音とともに

「データがありません」の表示。嘘やろ？　どこを探してもない。ネットで調べた別のやり方も試すが、ない。何をやってもダメ。どうやらデータが破損してしまっているらしい。

　パソコンに詳しい後輩に見てもらったら「確かにデータないですねぇ。僕これは初めてのパターンですね。こんなん見たことないです。こんなん強い衝撃とか与えない限り、なかなかならないかと……」。語尾を「かと……」で終わるのやめてや!!　もちろん強い衝撃なんて与えていないし、高い場所から落とした記憶もない。

　とりあえずもうどうしようもないので、急いで駆けつけてくれたお礼に後輩を誘って焼肉屋へ向かった。初めて行くお店だ。席に案内され着席した後、店員さんが一旦奥に戻りメニューを持って来てくれた。そして、衝撃の一言。「今日もうほとんどの食材売り切れちゃってていないんですが……何にしましょう？」

　え！　ほとんどない？　何にしましょうって言われても、何を頼んでも「ないです」「ないです」の連発を食らうだけなのは目に見えている。あるものはどれかを尋ねようとした瞬間、僕の声に重ねるように「肉はほとんどないですねぇ」。肉がほとんどない焼肉屋は、もはや焼屋さん。焼くという行為を楽しむ新しいエンターテインメント。それはほぼ焚き火だろう。

僕は丁重に「あ～っと、えーじゃあまた今度にしときますね、今度は早めに来るようにしますね、申し訳ございません！」と断り、そそくさと店を出た。席を案内する前に言うといてよ～お互いのためにも～と思うが、グッと飲み込む。

えび天天の奇跡から一転、クリーニングの悲劇、コインランドリーの悪夢、パソコンデータ破損の絶望、焼肉屋の終焉。今日の運は１勝４敗だ。こんな逆転パターンある？ただただ切ない。

究極の塩ラーメン

僕は毎食、毎食に情熱を注いでいる。

「昼飯、うどんでいいか」とか言ってしまっている人、いますよね？　「で、いいか」やなくて、「が、いいの」でないと話にならんやろ！と、強く主張したい。のっけからすみません。

生きている限り、もちろんその日の忙しさ、場所、時間帯、誰と食べるか……など複雑にシチュエーションは入り組むが、制約がある中でも「最高」に到達できるように、限界まで追い求めることが大事だ。妥協などという感情の入る隙間が1ミリもない程に一回一回の食事は大事だ。コンビニであろうが、チェーン店であろうが高級店であろうが、昼飯であろうが晩飯であろうが、関係ない。その瞬間ごとに最善の選択をするべきなのである。

この持論ゆえ、先輩芸人である博多華丸・大吉の華丸さんに可愛がっていただいている。華丸さんも食事に妥協がなく、強い精神で毎食毎食に命をかけているといっても過言ではない。食との出会いは人との出会いと一緒で一期一会、今日しか食べられないものがある。愛をもってありがたくこの奇跡をいただくのだと、あの大きな目から放たれる食事への眼力はハンパない。

同じく先輩芸人のこがけんさんも元料理人だけあって、これまた食事に一切の妥協を許さない。美味しいものを食べるということにかけてはもはやトレジャーハンター並みの嗅覚で、情報網もすごく、僕が美味しかったと話した店でこがけんさんが知らなかったことはないのではないかというくらいの食通だ。

この前、劇場の楽屋で食べ物の話で盛り上がり、最後の方は白和えの話になった。「白和えは何の白和えがベストなのか」という議題を自らあげ、最終的に「柿じゃない？」と自ら答えていた。出題者が解答するという仰天のセルフクイズ王だ。

さてそんな僕なので、営業で行った先で地元の名店を訪れるのがこの上ない楽しみだ。

地方公演の場合、一日2回公演のことが多く、1回目と2回目の間が結構空く。ここが昼飯チャンスとなるのだ。この昼飯チャンスを楽しみに1回目の漫才に臨む。

この1回目と2回目の間を外に出かけることなく楽屋でゆっくりされる芸人さんが意外と多いが、僕は楽屋に用意されているお弁当にはぐっと堪えて手をつけず、一人で外に出て美味しそうな店を探す。なんだったら、行きのワゴン車の中でもう何軒か目星はつけている。昼飯チャンスには、皆既日食やしし座流星群クラスのチャンスだと思って毎回臨んでいる。

華丸さんには「俺と仕事が一緒の時は絶対に飯に行くと思っておけよ」と常々言われている。前日に明日の営業はどなたと一緒だろうと調べて、華丸さん、こがけんさんが入っていたら、心の中で「やったー!!」と叫んでいる。遠足の前日みたいにワクワクして眠れない。もはや先輩後輩の枠を超えて、食を異常に愛する「同志」だと僭越ながら思っている。もちろん、お二人からするとまだまだ未熟者の僕だが、日々精進しているのだ。

先日、京都での劇場公演の合間に昼飯散歩に出かけた。これは僕の大好きな時間で、京都で劇場に出る時、合間に別の仕事が入ることはまずない。大阪の劇場、例えば「なんばグランド花月」だとすると、合間にすぐ向かいにある「よしもと漫才劇場」の出番が入ったり番組の打ち合わせが入ったり、はたまたテレビの収録が入ったりなんてこともあるので、なかなかゆっくりできない。

それが、京都の劇場であれば合間にゆっくりできる。しかも近くには鴨川があって風情がある景色に癒される。

さぁ、昼飯タイムだ。

行きつけのラーメン屋さん、カレー屋さんなど、行きたい「行きつけ」はたくさんあるのだが、この日はいつも散歩する方角とは逆方向に歩いてみることにした。新しいラーメン屋さんにチャレンジしようと思い、いろいろ携帯で探してみた。

すると僕が大学生の頃、かれこれ20年くらい前に友達が車の免許を取ったということで京都にドライブしに行った際訪れた塩ラーメン屋さんが、携帯の検索結果の数あるラーメン屋さんの中に紛れていた。

うわ!! 懐かしい!! たまらん!! めちゃくちゃうまかったん、覚えてるわ。あん時の舌、蘇ってきたで〜……。画像をポチッとタップしたら、画面いっぱいに広がるあの塩ラーメン。そうそうこれやこれや! えげつないヴィジュアルしてるやん、たまらんなぁ〜。そう思った時には、もう口内が唾液で溢れていた。口から垂れれば、それはただのよだれだ。

年齢のせいもあるのか、最近は豚骨や、鶏白湯《とりパイタン》といったコッテリ系スープを卒業していて、自分の中では空前の塩ラーメンブームが到来していたのだ。一番素材の味がしっかり生きてごまかしのきかないスープ、それがまさに塩ラーメンじゃないかと。シンプル・イズ・ベストな魅力。まさに渡りに船。もうここ行くしかないやん！

携帯のマップのナビに従い、どんどんお店に近づいていく。見覚えのある景色に高鳴る鼓動、蘇る記憶、車運転してくれたあいつ元気してるかなぁ……と思いを馳せていたら、あっという間に到着した。店内はお昼のピークの時間を過ぎたにもかかわらず満席に近い。

壁のメニューも見たが、ここは迷わず20年前も食べたエースの塩ラーメンにライスセットでオーダー。

着丼！　一回言ってみたかったセリフを思わず言っちゃうほどの興奮。たまらん、たまらん、これや、これ！　はやる気持ちを抑え、まずはレンゲでスープを静かにすくいあげ、迎え入れ態勢万全のおちょぼ口で口内に吸い込む。え！！　味がめちゃくちゃ薄い。

そんなわけない、もう一口、もう一口と飲み進める。

ヤバい!! アカン! アカン!! アカン!!! 宮川大輔さんの叫びがこだまする。が、脳内ですぐ「優しいお味で、しっかり出汁がきいていて、次々に食べ進めたくなりますね〜」というコメントに切り替わる。ロケのしすぎだ。

これはとどのつまり直訳すると「味薄すぎて、出汁きいててくれ〜のもはや願望であり、すぐに次を食べ進めないと味が消えてしまう〜」のことなのだ。「スープ全部飲み干せますね」は「飲み干さな味がやってこないから」であり、「これぞ塩ラーメン」は「これがたまにあるから塩ラーメンむずいねん」のことである。

せっかく最近、塩ラーメンのことが好きになっていたのに、塩ラーメンブームが到来していたのに。最近、めちゃくちゃ塩ラーメンの良さがわかってきたって言いふらしてたのに。……また塩ラーメンに臆病になるで! どうしてくれるねん! 「また絶対、橋本にはいい塩ラーメンが現れるって」やないねん! 「橋本は悪くない、今回はたまたま変な塩ラーメンに引っかかっただけ」やないねん! 「またいつか白馬に乗った塩ラーメンが迎えに来てくれる」やないねん!

この塩ラーメンなら、おかんが握るおにぎりの方が塩分摂取量で圧倒的に勝利してしまうんじゃないかなというくらいの薄さだ。嘘やろ嘘やろ……と焦り、何回も確認してしまうのでスープがどんどんなくなり、麺がどんどんと顔を覗かせてくる。麺の半身浴。

というより、むしろ肩まで浸かりたくて深めにお湯をはった湯船で、あがる前に栓を抜いてどんどん水位が下がり裸の自分があらわになっていく、あの風景といった方がおわかりいただけるだろうか？　今後、僕はお風呂の栓を抜く度にこの「塩ラーメン事変」を思い出してしまうだろう。

そういえば、普段はラーメンにライスなんてつけない。今日は塩ラーメンをチョイスしたということ、20年ぶりというノスタルジックな感情、そして京都という土地に飲み込まれてしまったんだろう。米、ごめんな。今日相方の調子、悪そうやわ。

塩ラーメンとライスの関係性について考えていたら、ふとカウンターの上に目がいく。

何か味を濃くできるものはないか。たまに替え玉用にラーメンタレがあったり、餃子のタレ用にラー油や醬油、お酢があったり、はたまたブラックペッパーとか、ニンニクとか、生姜とか、赤い醬《ジャン》的なやつとか……。何もない。唯一、鳥取砂丘の砂くらい細かくサラサラタイプの胡椒だけが鎮座していた。

「お前に用はない」と、ケンシロウばりの低い声が脳内にこだまする。

「お前一人でどうにかなる相手ではなかろう、それはお前自身が一番よくわかっているはずだ」

アカン、セリフが矢継ぎ早に出てくる。怒りというより、もはや嘆きに近くて、切ないといった感情が「塩ラーメン物語」の脚本を押し進める。作品を創るにあたって大事なのは、リアルな熱量ということが改めてよくわかる。脳内で脚本を書く筆が進む、進む。箸は全く進まない。

これはもはや塩ラーメンではなくお湯ラーメンだ。温かいお湯、白湯に塩ひとつまみ入れただけ。例えばグルメ漫画の最終回。一周回って、達人が究極の料理とはこれだとか言いながらやってしまいがちな極致。白湯と書いて「さゆ」と読むが、白湯は「パイタン」とも読む。さゆラーメンはパイタンラーメンやないかい！　無駄なアハ体験。頭の中で味が濃くなってとろみが出ただけでは何の意味もない。

昔、仲の良い後輩がペペロンチーノを頼んだところ全く味がしなくて、恐る恐る、勇気を出して店員さんに「すいません、大変申し訳ないんですが、味が全くしないんですけど……」と問うたところ、確認しますと厨房にかけて行ったかと思えばすぐに戻ってきて、「すいません！　塩振り忘れてたみたいです」と返答があったという話を思い出した。「塩がないなぁ」から、「しょうがないなぁ」とはならんやろ。

脳内をぐるぐるとくだらない思考が巡る。それと同じ事態が今まさにここで起こっているのではないかと思うくらい、とにかく味が薄かった。僕も質問しそうになった。むしろ塩ダレを入れ忘れていた方がまだ救いはあるかもしれないが、カウンター越しにしっかりと調理過程が見える厨房なので、おそらくその可能性はゼロだ。

ここで忘れないでおきたいのは、20年前は確実に美味しかった記憶があるということだ。思い出補正ではなく、それはそれは本当に美味しかったのだ。

例えるならば、中学生の頃、綺麗で可憐で大好きだったクラスのマドンナと、あの頃の面影ゼロで再会した感じか。それがテレビ番組の企画での再会だとしたら、気まずい空気が流れることこの上なしなシチュエーションだ。

司会者の人からの「あの頃、橋本くんから好かれているってことは感じていましたか？」という問いに彼女が、「はい、めちゃくちゃ感じていました」と答えたところでもう興味がない。あの頃のテンションではもう喋れない。地獄のアフタートーク。何度も塩味を確かめたためか、ついにスープを飲み干してしまった。店主さんがこのどんぶりを見たら、きっと喜ばれるだろう。よっぽどうまかったんかなぁって……。

あ！　そういうことか！　それで自分の出すラーメンの味に気づかなくなっている可能性があるぞ。薄い、飲み干す、薄い、飲み干す。逆に、「濃い、残る」だから、「薄い、飲み干す」になっていく。それで店主が、もっと薄くもっと薄くとなっていった可能性すらある。

なんだかんだで完食し、歩いて劇場まで帰る。せっかくの昼飯チャンス、もっと濃いラーメンが食べたかったなぁと思いながらトボトボと歩いた。口の中が寂しい。切ない。漫才の出番を終え、楽屋で帰り支度をしている時も、口の中はさっぱりしたままだ。お昼にラーメンを食べたと思えないさっぱり具合だ。京都駅まで帰る道すがらも、なんだか口寂しい。胃もたれも全然していない。もう何口かすすりたい……。

あれ……、もしかしてあの塩ラーメンのことが忘れられなくなっているのかもしれない。もう一回行きたいとすら思い始めている。冷たくされるとなお燃え上がってしまう、禁断の恋のような塩ラーメン。濃いラーメンではなかったが、恋ラーメンだったのかもしれない。むしろこれこそが究極の塩ラーメン。今度楽屋で会ったら、華丸さんとこがけんさんに報告しよう。

親父のこと

うちの親父は46歳で亡くなっている。僕が高校1年生の時だった。親父はえげつないくらいに本が好きだった。

僕が子供の頃に住んでいた家は、小さな一軒家だった。2階にある親父の部屋は仕事机とベッド以外は、四方八方を本棚で囲まれていた。テトリスなら全部が綺麗に消えるくらいの見事なハマり具合で、その本棚には本がびっちり詰め込まれていた。そして仕事が休みの日にはベッドで寝転びながら本を一日中読んでいるような人だった。

挙げ句の果てに、僕が小学校の高学年になる頃には、玄関から台所に向かうそれはそれは短い廊下にも、いつの間にか天井ぎりぎりの高さの本棚が4台連なった。廊下の幅が半分になってしまった。それくらい本で溢れていた。

ある日、親父は僕に「本やったら、なんぼでも買っていいぞ」と言い放った。酒に酔ってご機嫌でついつい気持ちが大きくなって言ってしまっただけかと思いきや、橋本家の新ルールとして翌日から正式に採用された。

今思えば最高の、なんとも贅沢なサブスクを手に入れていたにもかかわらず、当時の僕は本には全く興味がなかった。漫画は大好きだったのだが、このサブスクには「ただし、漫画は本とみなさない」という注意書きが堂々と記載されていたので、あえなく撃沈した。「宝の持ち腐れ」ということわざを、これで学んだ。


親父のことを考えるとすぐに思い出すのは、お正月に黒紋付に袴を穿く姿だ。その雰囲気というか情緒が僕は好きだった。人混みで誰かとぶつかってしまった際、「失敬」と言うような人でもあった。最初に聞いた時は衝撃で、「失敬て！　堅すぎるやろ、昔のドラマとかでしか聞いたことないぞ」と、子供心に強く思った。

幼稚園くらいの頃、遊園地で親父と一緒にメリーゴーランドに乗っている写真がある。おそらく撮影者であるおかんの方を、「カメラこっちやで〜」と僕に教えるように指差している一枚。その写真の親父はティアドロップのごっついサングラスをかけていた。

『トップガン』の戦闘機から、「宝塚ファミリーランド」の馬に乗り換えた、ちっちゃいトム・クルーズがそこにいた。

チェックのシャツをジーパンにインする服装を好んだ親父は、吉本の先輩芸人なだぎ武さんがモノマネするディラン・マッケイが乗っているような自転車を愛用していた。その自転車には、後輪側の右サイドに折りたたみ式のカゴが装備されていた。折りたたみサイドバスケットという名前らしい。前カゴが付いた自転車しか見たことがなかった僕は、なかなかのカルチャーショックを受けた。紋付き袴同様、その親父の自転車は格好いいと密かに思っていた。

親父がたまにそれに乗ってふらっと出かけては帰ってくると、往路には折りたたまれていたはずのカゴが復路では広げられ、そのなかには本が何冊も入れられていたものだった。

親父の一人での移動はもっぱら自転車で、なぜなら親父はあの当時の男性にしては珍しく車の免許を持っていなかったからだ。うちではいつも、おかんが運転していた。

なぜ親父は運転しないのか、そのことを昔おかんに尋ねたことがある。「あ〜お父さんね、免許を取りに行こうとしたことはあるんやけど、実車教習で教官と喧嘩して途中で降りて帰ってきたらしいねん」。嘘やろ？　まさかすぎるやろ!!　でも不思議と親父らしくもあって、思わず笑ってしまった。

親父は普段からよく怒っていた。そしてかなりのせっかちだった。

コーヒーが大好きだった親父は、僕をよく喫茶店に連れていってくれた。一度、注文したコーヒーがなかなか来ない時があった。僕の感覚ではそれでも「少し遅いかな」というくらい。だが、親父はノーモーションでキレた。「注文したコーヒーって通ってます?」という助走部分はなく、いきなり「遅すぎるやろ!!!」と。「いやいや、そんなに怒ったところでコーヒー来るの早ならへんし、気まずくなるだけやがな」と、子供ながらに僕は冷静だった。火に油を注ぐことになるから、もちろん口には出さない。『ちびまる子ちゃん』の口グセ「あたしゃ勘弁だよ」よろしく、心の中で俯瞰しながら親父にツッコみまくっていたのが多分僕の原点で、ツッコミの英才教育を知らぬ間に受けていたのか。

その後も親父がお店の人にキレているところを何回も見るハメになった。僕はそれがすごく嫌で、親父を反面教師に、絶対にこんなにすぐ怒る人にはならないでおこうと心に誓った。なので、僕は人に怒ることができない。どれだけ理不尽なことがあっても怒れない体になってしまった。ストレスがたまる。

反面教師と言えば、親父はかなりのヘビースモーカーだった。ハイライトをよく吸っていた。おかんが運転する車の助手席で、居間のテーブルで、喫茶店で、本を読みながらベッドで……。おいしそうに、でも少しも笑わずに吸っていた。あまりによく吸っていたからか、慣れるよりもむしろ、おかんも妹も僕も、家族全員がずっとタバコの臭いが苦手だった。成人してても、僕も妹も一切タバコを吸わなかった。

でも妹は働き出してから少し吸っていた時期があって、おいおいあれだけみんなで煙たがってたやないか、なに裏切ってくれてんねんと思った記憶がある。


実家にはダイニングキッチンと呼ぶにはおこがましい、台所のある狭くて昭和的な部屋にテレビがあった。そのテレビは少し小さめでメインのテレビはリビングにあったから、あくまで2台目のテレビといった感じだった。

家の構造的にダイニングキッチンの奥に洗面台とお風呂があったので、お風呂に入るためには必然的にダイニングキッチンを通らなければならない。中学1年生くらいの頃、親父に「早く風呂に入りなさい」とよく怒られていた。

最初は軽めに「風呂入りなさい」と言われる程度なのが、夜の11時を過ぎてくるとだんだん語気が強くなってくる。その理由はしばらくして分かった。親父は、夜11時半から始まる関西ローカルのエッチな番組を見たかったのだ。ダイニングキッチンのテレビで見たいがために、早くお風呂に入って欲しかったわけだ。

その番組の放送中に、僕がお風呂に入ろうとダイニングキッチンを横切ると、すぐさまチャンネルを替えたことがあって、さすがに子供の僕でも気が付いた。わかりやす過ぎるぞ親父！　でも思春期を迎えていた僕は、同じ男としてその気持ちと行動は理解できた。あまりにもわかりやすいが、それもまたチャーミングやなぁと。

照れ臭いのか、僕や妹をわかりやすく可愛がることはしない人だった。

僕がまだ幼稚園の年長くらいで、親父が仕事終わりにお酒を飲んで、帰宅が遅くなった時のこと。スーツ姿のまま、おかんと川の字で寝ている僕と妹に近づいてきて、僕ら

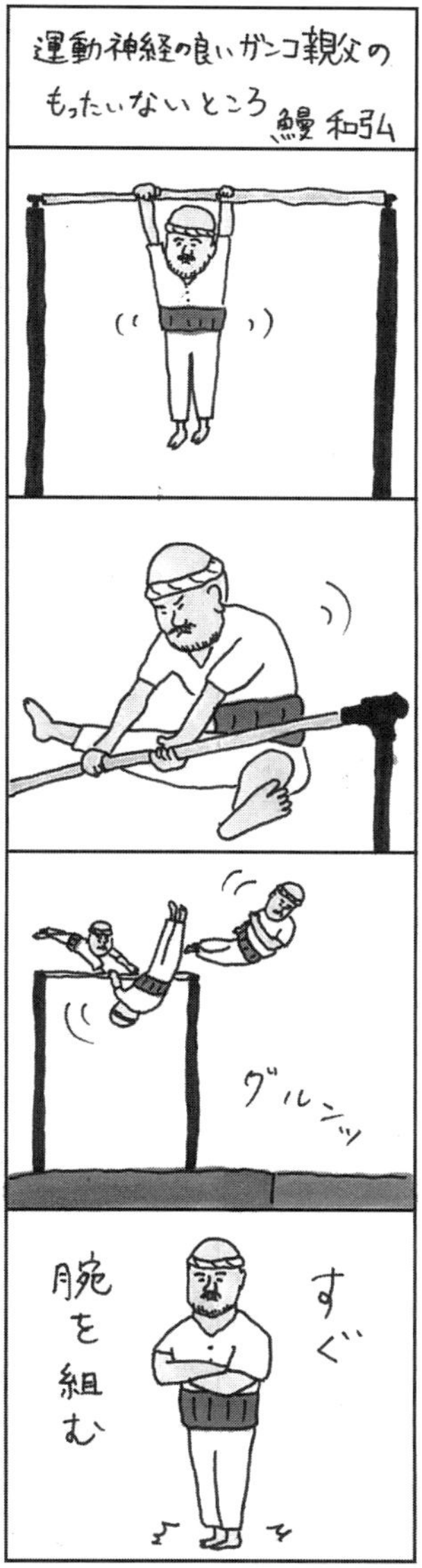

の頭をなでて頬ずりをする。もちろん愛情表現なのは子供ながらに理解していたが、なんせタバコとお酒と加齢臭も相まってなかなかの臭いを放ってくるのだ。しかも近距離でだから厳しいものがある。でも、拒否したらきっと怒られるから、僕は寝たふりをしてやり過ごす。

妹は僕よりもピュアというかアホというか正直過ぎるので、寝たふりをする技を使わずに「もー、お父さんくさい〜!」と本音を言ってしまう。すると、傷ついた親父にプチ逆ギレされるというのがいつものパターンだった。

親父はアメリカンフットボールのことを「アメラグ」と言っていた。「アメリカのラグビー」という意味で、おそらく昔の人の言い方だろう。そんな「アメラグ」が親父は大好きだった。

敢えてここではアメラグと書かせてもらうが、当時ファミコンにアメラグのソフトがあってそれを友達から借りてきたことがあった。妹とハマってそのゲームをしばらくやっていたが、普段ファミコンには興味を示さない親父がアメラグのソフトということで珍しく「ちょっと一緒にやらしてくれ」とお願いしてきた。

僕と親父で対戦することになったのだが、親父は基本、パスプレー中心。パスは多くの距離を稼げるから、一気に得点のチャンスになる。とはいっても、実際の試合とゲームとでは違う。ファミコンのこのゲームにおいては、なかなかパスが通らない。それを知っている僕はラン攻撃中心に攻め立てる。とにかく選手を走らせるのだ。結果は僕の圧勝。2試合くらいはしたと思うが、2戦とも僕の勝利だった。親父はゆっくりと自分の部屋へ帰って行った。

　後日おかんに聞くと親父はかなり怒っていたらしい。「え！　なんか怒られるようなことした？」と思って聞いたら、「直（僕の下の名前）が、ラン攻撃ばっかり使ってきてズルいやろ」と怒っていたらしい。いや、その怒り方、逆やろ！　子供が大人にキレる時のやつやん。怒っているというよりは拗ねていたなと、おかんも言っていた。

　こうやって思い出していくと、時代のせいもあったかもしれないが、親父はなかなかキャラが強かったんだなと改めて思う。そして同時に考えるのは、もし親父が生きていたら、僕はお笑い芸人になれていなかったかもしれない、ということだ。

　親父は昔気質《むかしかたぎ》の性格な上、仕事に真面目な銀行員だったので、お笑い芸人なんてとんでもない、ちゃんと就職しろとおそらく言われていただろう。親父の娯楽は本と映画で、エンタメの中でお笑いはごっそり抜け落ちている感じだった。

ただ、本棚に落語の本が何冊か入っていて、枝雀師匠のカセットテープが置かれていたことはよく覚えている。どうやら落語は好きだったみたいだ。

だから、反対はされたかもしれないし、もしかしたら勘当されるくらいに怒られたかもしれないけれど、僕ら銀シャリがM‐1グランプリで優勝した時もし親父が生きていたらおそらく、「あれ俺の息子やねん、すごいやろ！」と、会社の人に自慢しまくったであろう光景が、なぜだか鮮明にくっきりと目に浮かぶのだ。不思議だ。

でもすべてはタラレバの話で、「親父がまだ生きていた世界線」がどうだったかは今もこの先もわからない。

僕としては、今の僕らの漫才について、あれだけ本を読んでいた親父の感想や考察を、酒を酌み交わしながら聞いてみたい気もする。

そして今、僕は本がめちゃくちゃ好きになっている。今こそあの「本やったら、なんぼでも買っていいぞ」のサブスクに加入したいものだ。

あと2年で僕も46歳になる。

僕とテレビとお笑い芸人

大学4年生の時に吉本のお笑い養成所に入ってから、かれこれ21年経つ。

小さい頃からテレビが大好きで、テレビっ子もテレビっ子。本当にテレビから生まれてきたんじゃないかというくらいのテレビっ子だ。

小学校低学年の頃など、学校が休みの日曜日は朝5時に起き、家族全員が寝ている中、誰もいないリビングのソファーに寝っ転がりながら、ルールも知らないのに囲碁の番組を見て、ラジコンを走らせている番組を見て、よくわからない政治のニュースを見て、8時台になればしめたもので特撮ものを見て、その後のアニメも見て、家族がそろそろ起きてきたところで『笑っていいとも！増刊号』が始まり、お昼過ぎには『スーパーJ

OCKEY』を見て、14時過ぎるとゴルフ番組を見たいおとんにチャンネル権が移って一旦終了。

外に遊びに行き、帰ってくれば『大相撲中継』『笑点』『ちびまる子ちゃん』『サザエさん』『キテレツ大百科』『世界名作劇場』『天才・たけしの元気が出るテレビ!!』と怒濤の見たい番組のラッシュ。そして『日曜洋画劇場』でそんな一日を締めくくるのだ（余談だが、土曜日の『ゴールデン洋画劇場』のオープニングが大好きだった。シンプルで洒落たアニメと曲には、映画のワクワクが全部詰まっていた）。

とにかく、寝る直前までずっとテレビを見ていた。今、この文章を書きながら、めちゃくちゃテンションが上がっている自分がいることに気が付く。そこには番組から番組への黄金のリレーとも言える流れがあって、画面の前から僕はひと時も離れたくなかった。

それは日曜日だけでなくて、金曜日に学校が終わり習い事へ行って帰宅してからもそうだったし、土曜日のお昼に学校から帰って来た後もそうだった。

三度の飯よりテレビが好きだったから、ビデオが家にやって来た日には腰が抜けた。最初は、「子供は触ったらアカン」代物で、録画を間違って消してしまったら終わりなので、録りたい時はおかんに頼んだりしていた。テレビの前にいない時の「テレビ」

も録画しておけるなんて「こんなもん、タイムマシーンやん！」と同じくビデオを手に入れた友達と騒ぎ合った。

当時、一話でも見逃したら一大事だったのが連続ドラマだ。「誰かこの中に、お医者さんはいませんか？」と、パニック映画さながらに、録画している人がいないかクラス中に聞いて回った。

TVerをはじめ、見逃した番組を見られる方法がいくつもある今では信じられないが、会社員の方が月9を見るために走って家に帰っていた時代。それだけテレビが凄かった時代でもある。

母方の祖父がテレビ好きで、カラーテレビの良いやつをその町で一番早く購入し、近所の人がこぞって見に来ていたらしい。祖父の家にあった、画面の真横についているチャンネルをカチカチ回すタイプも好きで、意味もなくいつも回していた覚えがある。

そんな祖父の娘であるおかんもテレビっ子だったから、僕はテレビっ子のテレビっ子、つまりテレビっ孫になる。「テレビッソン」とお呼びください。

息をするようにテレビを見ながら、徐々に、しかし確実に、どっぷりとお笑いの魅力に取り憑かれていった。たけしさん、さんまさん、タモリさん、ダウンタウンさん、ウッチャンナンチャンさん、とんねるずさん……。挙げたらキリがないくらいに、ありとあらゆるお笑い芸人さんにどんどん魅せられていった。

だから今僕は、自分がお笑いの世界にいることが不思議で仕方ない。単純に信じられない。別の世界線にいるみたいで、「転生したらお笑い芸人だった件」なのだ。まさか現世で転生もせずにたどり着けるとは思わなかった。

お笑い芸人になるためというよりも、むしろお笑い芸人をあきらめるために僕は養成所に入ったと言っても過言ではないからだ。

テレビの中にいる人たちの中で、特にお笑い芸人さんが一番格好良く見えた。勢いもパワーも凄かったし、一番ふざけてバカをやっているのに、アイドルや歌手、俳優さんたちを手のひらの上で転がしている姿に、しびれた。でもそれはあくまで憧れで、なりたいなんて一ミリも思わなかった。それが突如ひょっこりと顔を出すことになる。

中学から大学までエスカレーター式の学校に通っていて、普段のテストでは大学進学への条件はクリアしていたのだが、高校3年生の時、3回行われる英語判定テストで2回連続赤点を取ってしまった。3回ともに赤点の場合、有無を言わせず大学進学の道は閉ざされる。

3回目はさすがに落ちない、問題のレベルも下がっている、なんて噂もささやかれた

テレビから出てきたら怖いけど
オシャレ
鰻 和弘
ニョッ
オシャレ!!

が、万が一にも落ちたら本当に終わりで大学に行けず世間に放り出される。恐怖で震えた。まさに「君たちはどう生きるか」状態だ。

そんなときに、蓋をしていた感情が蘇る。万が一ダメだったら……お笑い芸人に……なる……？

「どうせなれるわけない」という諦めをお笑いへの強い情熱が凌駕したわけではなく、自分がアホだったがために追い詰められて、逃げるようにすがったお笑いへのロープエスケープ。今振り返っても情けない。幸いにも3回目のテストにはかろうじて合格することができた。再び動き出すエスカレーター。あの時ばかりは、その再起動の音がしっかりと聞こえた。

無事大学へ進学し、やりたいことも特にないままサークルに入るわけでもなく、就職先のことなんて深く考えず、将来役立つスキルを身につけることもせず、バイトしてお金を貯めて自分磨きのために使うわけでもなく、恋愛するというかできるわけもなく、本当に深夜のお笑いの番組ばかり見ていた。過去のお笑い番組も近所のレンタルビデオ屋さんのラインナップを全部借りて見た。

そうやってあっというまに大学3年になると、周りがみんな就活を始め出す。やりたい仕事がない。ないというかわからなかった、自分が何を仕事にしたいのか……。

エントリーシートの自己PRなり、長所なりを書く欄が目に飛び込んでくる。ペンが止まり、そして気が付く。自己をPRできるものなんて何もない。本当に自分は3年間何もやってこなかったんだと絶望した。『スラムダンク』でいうところの、メガネ君の逆状態。陵南の田岡監督に「あいつは3年間がんばれなかった男なんだ、侮ってよかった」と言われるだろうほどに。

人見知りで保守的で失敗を恐れ倒してきた僕は、何ひとつ自分からチャレンジしなかった。ぬくぬくと同じような毎日を繰り返していた。怠惰だ。すごい字面やな「怠惰」って。「怠惰を抱いた」と回文にしたところで特に何も起こらない。高校3年のあの時から僕は何も変わっておらず、喉元過ぎれば熱さを忘れていた。いっそあの時に喉を火傷しておけばよかったのかもしれない。

ただ高校3年時の超絶ネガティブな僕が、お笑いへの道をまがりなりにも一回でも妄想していたのがデカかった。再びお笑いへのロープエスケープを選んだ。でも、今回はその先に続くエスカレーターはない。正真正銘の、DEAD OR ALIVE だ。

決心はしたものの恥ずかしさから、「お笑い芸人になりたい」とは全くもって言い出せなかった。「お笑い芸人になりたい」とはつまり「自分は面白い人間だ」という自信と自覚があることを、諸手を挙げて宣言しているようなもの。恥ずかしい、恥ずかしすぎる。養成所に一人で行く勇気などなく、お笑いが好きそうな友達の3人くらいには声をかけたと思う。もはや恥ずかしすぎて記憶すらなくなりかけているが、「え！　そんなん考えてるんや〜!?　ごめん、俺新聞記者になりたいねん」と言った一人だけは鮮明に覚えている。新聞記者になりたい人間に「お笑い芸人にならないか」と声をかけてしまった。あまりにもミスマッチでますます恥ずかしい。ただ、向こうも「新聞記者になりたい」と言い放った自分自身に少し照れていたようだった。

僕はここで腹を括る、もう一人で行くしかないと。なぜ急に勇猛果敢になれたのかいまだに謎である。人生で発揮した唯一の勇気。どんなに恥ずかしくても、お笑い芸人界の門を叩けば芸人になれる可能性はゼロではなくなる。

それと同時に、テレビが大好きなことに変わりはないから、仮にお笑いの道に進まなくてもテレビのバラエティの番組は絶対目に入ってくる。仕事で辛いことがあった時、きっと思わずにはいられないだろう。

「あ〜俺、お笑い芸人やってたらどうなってたんかなぁ〜、もしかしたらテレビ出られてたかもなぁ〜」

エスケープからのエスケープ。現状を棚に上げ、あったかもしれないもうひとつの世界線に逃げ続ける、どうしようもない言い訳エスケープピンボールになってしまう。自分を縛り、現状を呪う思考ほど恐ろしいものはない。

だから、お笑いを諦めきるためにお笑いの道に進むことを選んだのだ。

就職して働いて、嫌なことやミスがあったりして帰ってきてテレビをつけても、「この人達は選ばれしお笑いの戦士なのだ。才能と努力する力の両方を兼ね備え、この魔法の箱から『面白い』をお届けしているんだ。自分は目指したけどお笑い芸人になれなかった。すごい人達だ。たくさん笑かしてもらって明日から俺も自分の仕事を頑張ろう！」、こう思うために養成所に入ったのだ。

そんな僕だが、今どうにかこうにかテレビに出させてもらっている。でも、僕がその

「才能と努力する力を兼ね備えた選ばれしお笑いの戦士」だとは全く思えない。多分この先も同じだろう。

ただ、その最初の扉をこじ開けた勇気だけには、談志師匠ばりの「褒めてやる！」を差し上げたい。

そういえば、あの時誘ったあいつは、幻の相方は、ちゃんと新聞記者になっていた。

緊張するとき

今からお伝えすることには絶対に「嘘つけ！　そんなわけないやろ！」とすぐにツッコまないと約束してください。では発表します、いきますよ。僕は人前に立つのが、目立つのが、めちゃくちゃ苦手だ。

はい、聞こえてます！　めちゃくちゃキレイに「嘘つけ！　そんなわけないやろ！」のシュプレヒコールが。でも本当に人前が苦手なのだ。それでよく漫才師ができているなぁと思われるかもしれないが、こればっかりは本当なので信じていただきたい。

確かに漫才はやっていてとても楽しいしウケればウケるほどさらに乗ってくるし、その場で思いついたこともガンガン喋れるし、最高に気持ちのいい現場だ。おそらく麻痺しているというか、もうそこには恥ずかしいとかが、全然ないのだと思う。

吉本の劇場の総本山といってもいい、なんばグランド花月の座席数はおよそ850席ある。こんなにも大勢のお客様からの熱い視線を浴びて、漫才をする度に極度の緊張状態になっていると、脳にも身体にも強いストレスがかかり正気を保てないかもしれないという防衛本能から、体がそのように変化したのかもしれない。ある種、羞恥心の回路が遮断されているのだろう。舞台とは僕にとって羞恥心 Wi-Fi が届かなくなっている地下的なもので、要するに芸人としての魔法がかかっているのだ。

とはいっても、初舞台は緊張で震えて何もできなかったとか、セリフが飛んだとかの記憶はないので、おそらく根性は据わっている方なのだろう。

だがもう一度言っておくと、根性が据わっているからといって人前が得意なわけでは全くない。それとこれとはあくまで別なのだ。

幼少期を思い返してみても学級委員になど立候補できるわけもなく、中学でクラスのみんなの持ち回りで朝の挨拶がてら少しスピーチをしないといけない時は地獄だった。自分の日が近づくと憂鬱で仕方なく、前日にはなかなか寝られないくらい嫌だった。

人数に関係なく、注目される中で喋らないといけないあのプレッシャーはなんなのだろうか。暗がりの中、獲物を狙うが如く野獣が目を光らせているかのような、眼光鋭い視線を感じ過ぎてしまうのだ。

でもよくよく考えたら、そもそも人前が得意な人などいないのではないか。得意な人の方が稀有な存在で、とはいえやはり、芸能人は元来得意な人の方が多めな気がする。


逆の立場になり、僕がお客さんとして漫才や演劇を観に行った時は、客席に話しかけてくる、俗に言う「客いじり」みたいなものには非常に緊張してしまう。ただただ笑うことを楽しみに来たのに突如当事者感というか、舞台側に引き寄せられた感じがして「自分が当てられたりしたらどうしよう」と舞台に集中できなくなってしまう。

マジックショーで「じゃあ、そこのあなた、何か好きな数字を……」くらいでも、もう頭が真っ白になる。「そちら側の求めているものに対して、今から発する答えは水準をクリアしているだろうか」とまで考えてしまい全然楽しめない。頼むからこちら側に話しかけないでくれ、と思ってしまう。

ただ、僕があちら側にいる時、舞台で漫才をしている時は、お客さんにどんどん話しかける。僕が客席にいたら、銀シャリは嫌いな漫才師になるのかもしれない。

コンサートもめちゃくちゃ緊張する。もちろん出る側ではないし、そもそも「コンサート」って今はあんまり言わないのか。「音楽ライブ」ですかね？

コンサート中にアーティストの方が客席側に言葉を投げかけてくれる時、嬉しいのだけれど、それが後半盛り上がってヒートアップしてくると……ラララララララ〜的なところで「みんな一緒に〜！」了解です。

「もっと大きな声で」了解です。

「みんなで肩組もうぜ！」えー！！！！

ハードルが上がりすぎている。

でもお客さん全員が盛り上がっているし、周りの人も肩を組み出しているし……。僕が恥ずかしがっていたら両隣の人も逆に気を使うかもしれないし、大好きなアーティストのお願いなのだからファンは一致団結しましょうよ、という暗黙の了解で肩を組まなければならない謎のプレッシャー。しかも隣の方が女性の場合、「わたくしのような者が肩を組んで大丈夫ですか？　熱気を帯びているから結構汗かいているかもしれませんが……」みたいな。

音楽に没頭していたはずなのに一瞬で自意識が膨れ上がってしまう。

これまで人前で喋る仕事のなかで抜群に震えたのは、阪神タイガースの応援で甲子園の真ん中に立ち、マイクを持った時だ。

これぞ人前というか、選手がプレーをする神聖な場所で、しかも約5万人の観客の前で喋る機会など、この仕事をしていても滅多にない。緊張のあまり一刻も早くその場から逃げ去りたい気持ちでいっぱいだった。

同じ甲子園でも、中学生の時にタッチフットボールという競技の全国大会の決勝戦をプレーしたことがあるのだが、その時は全然緊張しなかった。きっと「やる方」は別なのだろう。チームスポーツだから、観客の視線が分散されている感じも良かったんだと思う。そもそも客席はほとんど身内しかいない状態だったことも大きい。

他にもサッカーのセレッソ大阪のスタジアムＤＪのお仕事をした時も震えた。

巨大なスタジアムに自分の声が響き渡ることを想像しただけで、震えるような緊張に襲われた。その日の試合のスタメン発表はいつも通りプロのＤＪの方がされ、サブメンバーの発表を僕が担当することになったのだが、「噛んだら終わり」というプレッシャーで、ほとんど押しつぶされそうだった。

選手の名前を噛んだり、ましてや間違えたりしたら終わるぞ、と。サポーターの大ブーイングを浴びるかもしれない恐怖といったらない。声だけなのに緊張するというか、声だけだから緊張したのかもしれない。貴重な経験だ。

そんな中、人生で一番緊張したのは、間違いなく親友の結婚式での友人代表スピーチだ。

芸人になって3年目くらいだったと思う。めちゃくちゃ仲の良い友達だったので、親友と呼ぶのはむしろ恥ずかしいのだが、本当に大事な友達なのでスピーチを頼まれた時はとても嬉しかった。

僕でいいのか？という思いもありはしたが、「ぜひ橋本にお願いしたい」ということだったので快く引き受けたものの、帰宅してふと冷静になると、これはとんでもない大役を引き受けてしまったと焦った。

その親友は大手の銀行に勤めていて、会社の偉いさんみたいな人もたくさん来るらしい。芸人3年目で社会人経験などもちろんない僕は、スーツ一つとってもちゃんとしたものを持っていない。

そんな世間知らずが、銀行のお偉いさんがたくさん見ている中で親友の顔に泥を塗ることなくこの大事なミッションを無事に成功させることができるのか？ 自信は全くなかった。やってしまった。でも今更、断るわけにもいかない。必死でスピーチの文言を考えた。

結婚式前日の夜中まで考え、いざ会場へ。

出されたフレンチのコースの味が全く入ってこない。若手芸人からしたら最高のご馳走なのに。

そしていざスピーチへ。何かに書いてそれを読むという手もあったが、なぜかしっかり覚える方を選んでしまった。

ビシッとしたスーツの大人達はグラスをテーブルに置き、ゆっくりと振り返り、僕の方に熱い視線を向けてくる。半端ない大人の数。銀行ってすごい。

「そのまま飲んどいてください、こっちに目を向けなくてもいいです。なんなら無視してもらってもいいくらいです」と心の中で呟くも、緊張はピーク。漂う厳かな空気。ヤバい。簡単に自己紹介したものの、昨日必死に考えて覚えた文言が全く出てこない。頭真っ白。結婚式だけに頭純白。いやいや、何も出てこない。なんやったら少しウィットに富んだ、笑いもちゃんときいた文言を一生懸命考えたのに……。

最悪や。「昨日夜中まで考えたんですが、全部忘れてしまいました」と正直に伝え、それで笑いを取るというなんとも切ない最後の手段しか出てこなかった。それすらもよく言えた方だと思うくらいの、頭真っ白具合だった。

奥の手に頼るしかなかったものの、その後は少しだけスラスラと親友への想いを喋ることができた。事前に用意した文言よりも心のこもった、親友の顔を見ながらその場で湧いたおめでとうの気持ちを伝えることができた。土壇場でなかなかやれる男だ、俺は。

……誰も慰めてくれなかったから、自分で慰めながら席に戻った。

漫才師ではない時の素の橋本は、めっぽう人前に弱い。でも、だからいっそう、漫才師という仕事を楽しめているのかもしれない。

鰻という男

僕の相方の鰻和弘はチャレンジをしない男だ。安定を求める。アイスを頼む時もバニラ一択。ずんだもちアイスや、とちおとめアイス、はたまた醬油アイスなど、ご当地アイスには目もくれない。

アイスを2種類同時に頼める「ダブル」なんて、もちろん注文しているのを見たことがない。バニラのみの一択。単勝一点買い。潔さにもはや惚れ惚れする。

僕はそんな相方とは真逆でご当地のものを必ず食べるタイプ。失敗することも、もちろんある。ただ、せっかくならそこでしか食べられないもの、その土地でしか食べられないものをチョイスしたい。

バニラ一択の男・鰻は、ご飯についても抜群の潔さを発揮する。

東京の劇場「ルミネ the よしもと」の出番の合間のお昼ご飯は決まって、カレーハウスＣｏＣｏ壱番屋のチーズカレーにトッピングで半熟卵2個。笑えるくらい、毎回これだ。ちなみに半熟卵1個はそのまま口に入れる。大蛇みたいに丸々口に入れるのだ。理由はわからない。鰻の祖先は蛇だったか？

大阪の「なんばグランド花月」の出番の合間のお昼ご飯はといえば、つけ麺か牛丼か、カレーハウスＣｏＣｏ壱番屋のチーズカレー、トッピングに半熟卵2個。同じ文言で字数を稼ぐみたいになってしまい申し訳ないが、本当に基本この3択なのだ。

どこまでも冒険しない。新しく美味しいお店ができたと楽屋で話題になっても一切耳を傾けない。我関せずといった具合。鉄の意志。どこまでもこの3本柱でいく覚悟は、相方ながら見上げたものだ。プロ野球の先発ピッチャーなら、この3人だけのローテーションでいったら確実に酷使されすぎて潰れるだろう。

そんな3択の男も、一時はつけ麺にハマりすぎてお昼は毎日つけ麺一択、つけ麺だけ食べている時期があった。

出番の合間、時間に余裕があるのに走っている鰻を見かけたことがある。なぜ走っていたのかあとで尋ねると、「え!? 俺走ってた？ ほな、つけ麺食べたすぎて無意識で走ってもうてたかも」との返事だった。

自覚ないんかい、怖過ぎるやろ！ つけ麺に取り憑かれてるやん。つけ麺やのに入り浸ったら、麺伸びてまうで。

ちなみに鰻はつけ麺屋さんで絶対に「つけ汁濃いめで」と注文する。あまりにも常連になり過ぎて、食券を出しただけで店員さんの方から「つけ汁濃いめですね？」と言われる時もあるくらいだ。

ある時「つけ汁濃いめで」と当たり前のように注文したら、「え？ なんですか？ うちそんなんやってません」と断られたことがあるらしい。楽屋で「ちょっと、せつな恥ずかしいわ」というオリジナルの形容詞を放った鰻の顔は、照れながらもええ顔をしていた。

牛丼も大好きで本当によく食べている。東京で初めて吉野家に行った時、「やっぱ六本木の吉牛は違うわ〜」と満面の笑みで咀嚼していた姿は今でも忘れられない。

なんなら僕は、鰻がお昼に食べたものを当てられる。その日の仕事の詰まり具合、合間のアンケート等の作業や、取材が入っているか否か、一日に6回舞台の出番がある中で、どの出番の合間に食べに行くかも全て考慮した上で店の立地や距離を計算すれば、だいたい何を食べたかはじき出せるのだ。選択肢はいつだって「Aつけ麺　B牛丼　Cカレー　Dその他」で、みのもんたさんに「ファイナルアンサー？」と問われても即答で「ファイナルアンサー！」と返せる自信がある。「鰻昼飯クイズミリオネア」で僕は、すぐに賞金1000万円を獲得できるだろう。

一方僕はというと、劇場の合間は新しいお店を開拓すべく、せっせと散歩している。1時間くらい歩くのも全く苦ではない。美味しいお店を新しく見つけた時の感動はとてつもないものがある。もちろん鰻にはこの感動はわかってもらえない。だが、別に寂しくはない。

全国を巡る47都道府県ツアーで、色々な土地に行かせてもらっているが、うどんでおなじみの香川県でのライブの時、鰻は楽屋で即席めんの「どん兵衛」を食べていた。正直、その姿には痺れてしまった。徹底しているな、と。

鰻はどの土地に行ってもライブ前のお昼ご飯は東京や大阪の時と同じ、チェーン店で済ませていることが多い。「どこでも安定して美味しいご飯が食べられるから、ほんまチェーン店様様やで」とよく言っている。ものは考えようだなとしみじみ思う。

僕のジャーナリズム精神がうずき、なぜいつも同じお店ばかり選ぶのかと、鰻にインタビューをしたことがあるのだが、「新しいお店にチャレンジしてハズレた時のショックが大きいから」という思いのほか単純な理由だった。「知っているお店に行けばハズレることはない、安定の美味しい味が楽しめるから」だと。

ひとつ追加で質問してみた。

「でも、いつもよく行くお店も、初めて行った日があるわけよね？　新しいお店に行けばもちろんハズレることもあるけど、逆にめちゃくちゃ美味しかった場合、またその店がローテーションに加わって常連になる可能性もある。その辺についてはいかがお考えですか？」

そう尋ねると鰻は黙った。そして結局、最後まで答えなかった。

ご飯だけではない。鰻は履いている靴もＶＡＮＳ一択。自分の足に一番合うらしい。鰻曰く横幅が重要で、未来永劫、ＶＡＮＳしか履かないと決めているそうだ。ＶＡＮＳの会社が万が一潰れたら、裸足で生きていくと思われる。万事、一途な男なのだ。

身につけるものは黄色が多め。でも、好きな色ではないらしい。ただ、番組で一度オ

正解したのに
鰻 和弘
間違えば泥
正解すればごちそう
さぁ
どっちを選ぶのか
A
B
バン
A
ガシャーーーン

ーラカラーなるものを見てもらったら黄色だったとか。

なのでそれからずっと黄色チョイス。携帯カバーも黄色。スーツのジャケットの裏地も黄色。とりあえず迷ったら黄色と決めているので、色を選ぶのがかなり楽になって最高らしい。

だが一番好きな色は茶色だという。その理由を尋ねたら二つあった。「土の色やから」というのと、ご飯が大好きで、唐揚げや焼肉などご飯に合う美味しいおかずには茶色の食べ物が多いから、らしい。なんやその答え！　ますます意味がわからん。

確かに鰻はご飯が大好きだ。白いご飯が大好物。ほな好きな色は白でええやろ！　なんでメインの色じゃなくて、おかずの色でいくねん！

ライブの打ち上げでも最初の注文から白いご飯を頼むくらいのご飯好きで、でも鰻が特に好きなのは、卵かけご飯だ。やはり黄色なのか……。

白いご飯に卵をかけるのは好きなのに、例えば焼肉をご飯にいったんバウンドさせるのは嫌だというから、ややこしい。せっかくの白いご飯が茶色に染まっていくのが嫌らしい。ほな茶色嫌いやん、というツッコミはぐっと堪えたものの、海鮮丼、ステーキ丼、親子丼など具材が白ご飯の上にのってしまっているのも残念で、あまり好きではないという。いや、あんたの大好きな牛丼はどう説明すんねん！　卵かけご飯はめっちゃ好きやのに親子丼はあかんのかい！　ほんで、そもそも卵かけご飯が一番、白ご飯が白ご飯のままではいられなくなる代物やけどな！　代物であり白物やけどな！　茶色に染まんのはダメで、黄色に染まんのはありなんかい！　ほんで醤油垂らしたらもう黄色は茶色になってるで！！！

まさに無茶苦茶だ。「無茶苦茶」にめっちゃ「茶」入っちゃってるやん。チャッチャチャッチャャ、背脂みたいですいません。僕の方が茶色を好きになってしまいそうだ。

鰻の白ご飯好きも行くところまで行っていて、一度、店舗と住まいが一緒になっているお店で白ご飯がメニューになかったとき、鰻が即座に帰ろうとすると、理由を聞いたお店の人が2階にあがられ、「あの～家用のご飯でよかったら～」と白ご飯がよそられたお茶碗を出されたらしい。プライベートライスを出された人間を、僕は鰻以外知らない。

さらに驚いたのは、また別のお店で、お仏壇にお供えしていた白いご飯をお茶碗に入れて出してもらいそうになったこともあり、さすがにそれはお断りしたらしい。「白ご飯珍遊記」を武勇伝として語ってくれた鰻の横顔は、せつなカッコよかった。

そんな鰻も2月に取る正月休みには毎年一人で海外旅行に出かけている。2023年はドイツ、チェコ、オーストリアに行っていた。次はエジプトと南アフリカに行くらしい。いや、そこはめちゃくちゃチャレンジャーなんかい！　英語も話せないのにたった一人で……すごすぎるやろ。このチャレンジングスピリット、心から尊敬している。日本でためにため込んだチャレンジングスピリットポイントを、海外に全振りする鰻。ただ、23年に行ったドイツでは三食ともソーセージを食べたらしい。あくまで鰻は、鰻なのだ。

性格が真逆の二人で組んだ銀シャリだが、不安定な芸人という世界に飛び込んだ時点で、そもそも僕たちは二人ともチャレンジャーなのかもしれない。

漫才師

漫才師という「二人でひとつ」みたいな仕事をしているおかげで僕はだいぶ助かっている。

僕にとっての「相方」は、自分と同じ環境で目的も同じで仕事のポジションも全く同じで利害も一致している人――。そんな人が自分以外にもう一人いるなんて、かなり心強い。他の職業でここまで〝ニコイチ〟の仕事があるだろうか？

刑事ドラマなんかでよく見るバディものでさえ、上司と部下という立場の違いがあったりするし、そもそもずっと同じ人とバディを組み続けるというのもあり得ない。『相棒』だって途中で変わる。ずっと組み合わせが変わらない『あぶない刑事』のタカとユージくらいの関係だろうか？　ナオとカズヒロと書いてみても、自分らには全然しっくりこないけれど。

このニコイチの関係性というのは、僕の性格にも合っている。

というのは、芸能界の仕事は毎日同じ場所に行くことよりも初めての現場に行くことの方が多い。どちらかというと人見知り寄りの僕は、鰻という知っている人間が一人いるだけでまず助かっている。それだけで落ち着く。心細くない。

コロナ禍で普段コンビで一緒の楽屋が一人ずつになった時は、少し切ないくらいだった。相方と楽屋で雑談しながら本番までに自然と気持ちも滑舌もあたためて行く感じがあったので、最初は焦った。

人見知り寄りな話で言えば、本番前に共演する方々の楽屋にご挨拶に行く時も僕一人ではビビってドアをノックすらできない。相方はその辺、大いにガサツ寄りなので躊躇なくノックできる。鰻は銀シャリの戦法であり、先鋒であるのだ。時にイラッとさせられるガサツさも、この時ばかりは感謝だ。

コンビでの仕事ではいざ番組が始まりその日の自分の調子が悪くても、相方の調子が良ければ問題がない。個では突破できなくてもチームとして勝利できれば問題ない、という考えでいるのでコンビ仕事は気持ちが楽だ。もちろん、コンビでスベることもあるけれど。

そう、ほとんどの芸人にとって、スベったときほど落ち込むことはないと思う。そして、スベったことが一度もない芸人などいない。

もし万が一僕がピン芸人なら、ウケればもちろんその爆笑は独り占めできるしその瞬間は最高に幸せだろうけれど、スベれば全ての責任が自分に降りかかる。考えるだけでブルブルと震えてくるし、想像しただけでそのプレッシャーに耐えられない。

本当にピン芸人の方に対しては尊敬の気持ちしかない。スベったことを一瞬で忘れる能力がないと成り立たないんじゃないかと思っている。とんでもないタフさだ！

切り替えの早さが大事なことは僕も重々理解しているつもりだが、ミスをしたりスベったりしたら結構長い間引きずってしまうタイプなので、コンビでよかったと改めて思う。


タクシーで座る位置や楽屋での居場所など、コンビ間で自然と決まるルールがあるのだが、僕ら銀シャリは、朝起きて仕事に行く前に鰻が僕にＬＩＮＥをすることになっている。僕たちは漫才の衣装が揃いの青いジャケットで、毎回同じもののように見えると思うが実は7種類くらいある。だから、今日の仕事の青ジャケはどの青ジャケにするか、それが問題だ、なのだ。

「初代」「二代目」に始まり最新の「新ジャケ」まで、鰻からはその日の入り時間とともに合い言葉が送られてくる。「8時半　新ジャケ」のような感じだ。暗号のようでいて、緊迫感はゼロだ。

そのあとも一応ルールには続きがあって、僕がちゃんと起きていて鰻からのＬＩＮＥを確認できていれば、「！」を送ることになっている。既読がつくだけでは二度寝している可能性があるからだ。そのうえで、ある程度時間が経過しても僕からの既読がつかない場合は、鰻から電話がかかってくるシステムにもなっている。金庫にお金を入れ指紋認証式の鍵にして、セコムして庭にドーベルマンを飼う、そんなレベルの安心セキュリティだ。

逆に最初のＬＩＮＥがそもそも鰻から来ていない場合は、僕が鰻に電話する。こうして、ほぼ１００パーセント遅刻を未然に防げるシステムが構築できた（二人とも寝坊した場合のことは、どうか聞かないでください）。これもコンビで良かったところだ。

とはいっても僕らも40代に突入したせいか、目覚まし時計よりも前に起きてしまうことも増えている。

それでも、イレギュラーでたまに原付で移動する鰻が事故渋滞に巻き込まれて入り時間に遅刻しそうになることがある。鰻から連絡を受けると僕は、出番の時間には間に合いそうな場合に限るのだが、到着するまでの間、鰻がまだ来ていないのをスタッフさんたちになんとか気づかれないようにマシンガントークを繰り広げ時間を稼ぐという、さながら刑事ドラマでよく見る、逆探知するために犯人には悟られずに自然に会話を長引かせてくれという指示が出ている、娘を人質に取られた父親状態だ。

それは逆もしかりで、運命共同体として、銀シャリとしてのマイナスイメージをなるべく少なくできるように協力し合っているのだ。お互いの助け合いでなんとか20年近くやってこられた。

新幹線移動の際には寝過ごすことが何より怖いので、ここでもお互いの座席の位置を送り合う。離れた席に座ることも多くて、到着の5分前に起きていたら「起きてます」とどちらかが送れば、送られた方が「こちらも〜」で返すか「！」で返すシステムだ。なにも反応がないと寝ているということなので、あらかじめ教えてもらっていた席に起こしに行く。二人ともちゃんと起きていることの方が多いが、この救済措置が発動される場合は、鰻を起こしに行く確率の方がだいぶ高い。

寝ているのは仕方ないとして、起こされた時に寝ぼけているにもかかわらず、「あ！」とだけ言って平静を装うのはやめて欲しい。よだれ垂らしてるやん。もっと焦れや。そして「ありがとう、ごめん助かった」くらい言ってもいいはずだ。「助け甲斐」をより上げることも相方への配慮だろう。

他にもどちらかが体調を崩して急遽仕事を休むことになってしまった時は、一人で舞台に立つこともある。これについては、僕が助けてもらっていることの方が多いかもしれない。どちらにせよ、相方も僕も一人で10分間できるネタを何個か持っている。

人見知りに加えて優柔不断な性格の僕としては、常に自分以外のもう一人の意見を聞けることもとてもありがたい。

選ぶことって結構ストレスで、どちらの選択肢でもいい場合もあれば、かなり悩む上に決断できない場合もある。

その点コンビだと2票入れば決定になるので、ストレス自体が確実に減る。意見が分かれて1対1になったらどうすんねんと思われるかもしれないが、そもそも一人だと1分の1票であり、その決断が正しいかどうか不安になることも多くて、意見が分かれたとしても話し合いで決断に到れることが僕にとっては逆に楽なのだ。

生々しい話をすれば、収入もだいたい同じくらいになるので、鰻が家を購入した際には「あ！　俺も家買っていいんや、買えないこともないんか！」と思ったりした。といっても鰻さん、めちゃくちゃ長期のローンを組んでいますけど。相方の体験を疑似体験している感じだ。

コンビの関係性によって異なると思うが、銀シャリに限って言えば、同じキャリアを積みほぼ同じ経験をしているので、仕事でぶち当たる壁も似ているし、乗り越えるべき試練も僕らは結構同じだ。マリオとルイージのような、双子のような、マナカナみたいな感じ。ナオカズの方がナオとカズヒロより、まだしっくりくるかもしれない。いずれにしても自分以外に自分のような存在がまだもう一機ある感じというか……。このニュアンス、伝わるだろうか？

だから、少し前に結婚してからもスムーズにあまり違和感なく過ごせているのも、この漫才師という仕事、コンビの関係性ゆえな気がしている。

ふと、もう実家の家族と同じくらい鰻と一緒にいると思うと変な感覚がする。しかもこれから一緒に生活していく妻と比べても、鰻が僕に関して持つアドバンテージはだいぶ大きいものがある。漫才の立ち位置的に僕は鰻の左側にいるので、自分の顔より鰻の顔の左半分の方がよほど長く見ているだろう。


おばあちゃんの家に遊びに行って帰る時に必ずかけられる一言。

「ほんまに体にだけは気をつけてな」

最近、そんなおばあちゃんの気持ちになってつくづく考える。「鰻よ、体にだけは気をつけてくれ」と。年をとると、こんなことを恥ずかしげもなく普通に言えるようになるものなのだ。

鰻はよく海外旅行に行くので、そのたびに「どうか気をつけてな」と告げるし、原付で劇場に来る時も「くれぐれも気をつけてな」と思っている。

でもこれも鰻のためというより、一人だと大御所の芸能人の方の楽屋をノックできへんし、この年で知っておくべき常識なんかも他の人には恥ずかしくて訊かれへんし、腹が立った人への悪口も言われへんからなのです。寂しいとはたぶん違う。いや、寂しいだけか。

鰻さん、僕が「もうええわ！」とツッコむまでは元気でいてください。

忘れ物

ここ数年、忘れ物をしたことがない。

小学生の頃は忘れ物をしないように全部の教科書をランドセルに入れっぱなしにしていた。「出し入れするから忘れるんや」。何かとんでもないことを発明したかのようにイキがっていた。

おかげで「今から山登るんか」くらいの重たさを毎日背負うことになるが、忘れ物をしてしまった時の心の重たさに比べれば平気で耐えることができた。

そもそも忘れ物をしない立派な人間になりたいというわけでは毛頭ない。忘れ物をした時の恥ずかしさ、報告しないといけない切なさ、なぜ忘れてしまったのかという自分への怒り、じゃあ一体今どこにあるのかという不安、途中でどこかに落としたのか？　失くしたのか？　見つからなかった時にはまた買わなければならないのかという嘆き、値段に換算してしまう嫌らしさ。

忘れ物に付随する感情のバリエーションが多すぎて、より深い負のスパイラルに陥る。それが本当に嫌なのだ。

忘れ物をした時、心のザワザワがクレッシェンドされていく。例えば携帯の充電器の場合……。充電器を使おうとカバンを探る。

①あれ、いつも入れているカバンの前ポケットのところにないなぁ（まだ焦ってない）。

②はいはい、サイドポケットね。たまにこっちに入れることもあったしな（まだ余裕あり）。

③あれ、逆のサイドポケットかなぁ（半笑い）。

④カバンの中に手を突っ込んで感触で探す（心臓が若干ドキドキ鳴りはじめる）。

⑤カバンのメインのところのチャックをガッバーと開いて、しっかり目も見開いて確認する（冷や汗が出てくる）。

⑥カバンの中身を一旦全部出して探す（心臓、もうバクバク）。

⑦ズボンのポケットやアウターのポケットを探すという謎の行動に出る。中に着ている

シャツの胸ポケットも探す。ありとあらゆるポケットを探す（答えはもう出はじめている）。

サーキットのように再びカバンの前ポケットに戻り、この流れを2、3周繰り返す。財布や鍵などモノの重要度が上がれば上がるほど、このサーキットはより周回を重ねることになる。もはや奇跡にかけている。たまに声に出てしまっている時もあって、「はい、はい、忘れたと見せかけといて結局、最初の前ポケットの奥に入ってましたみたいなことやろ、もうええって」。半ばヤケクソでキレ気味に笑うのだ。

そうやって最終的には恐れていた事実に辿り着くことになる。もう逃れられない。受け入れなければならない。完全に忘れ物をしたと。だから忘れ物をしないようなシステムを構築することが大事だと考えた。答えは単純明快。そう、「確認」だ。確認こそすべて。

指差し確認はよくできている。「大人になってもまだ指差し確認なんて」という恥ずかしさを乗り越えれば、指差し確認にはかなり実用性がある。そもそも忘れ物をする方が恥ずかしいのだから、誰も見ていないロンリー指差し確認なんてへっちゃらだ。車掌さんや消防士さんもやっているんだぞ。顔から火が出るほど恥ずかしいとかいうけれど、その顔から出た火さえ消してくれるはずだ。

なので、逆によく忘れ物をする人に対しては思ってしまう。指差し確認とまでは言わないけれど、振り返れよ、と。部屋を出る時は一回だけでも振り返れよ。格好つけんな。絶対モテへんやろ。デートの別れ際でもそうや、振り返れよ。なんで自分は忘れ物なんてするわけない感丸出しで颯爽と飛び出してんねん。「振り向くは一時の恥、振り向かぬは一生の恥」だ。

だが、相方の鰻は全然振り向かないタイプだ。これまで何度も僕がサッカーのディフェンダーのように、最終ラインから鰻の忘れ物のピンチを未然に防いでいる。これ絶対忘れるなぁという鰻のポジショニングは、すでに把握している。やはりよく忘れるエリアというものがあって鰻は見事にそこに忘れ物をする。でもすぐには指摘しない。敢えて泳がす。万引きGメンの如く、「はい、あのコ怪しいねぇ、忘れそうだねぇ、忘れそうだよぉ、くるよ、くるよ……はい、忘れた〜」。

扉を開けて出て行こうとする相方の肩をトントンして「なにかお忘れではないですか？」と囁くことになる。

そんな僕がつい最近、忘れ物をした。

「え、どの口が言うてんねん？」とお思いだろう。連続忘れ物無安打記録を着々と更新してこのまま現役を終えるつもりでいたのに、帽子を忘れたのだ。

その日はお昼過ぎから喫茶店で溜まっていたアンケートやコラムの執筆、漫才のネタを考えるなど、もろもろの作業をする予定でいた。玄関を出る時、鏡に映る自分の髪の毛がボサボサなことに気がついたので、玄関脇に置いてあった帽子を被って外に出た。そして作業を終え、夕方から漫才の仕事へ。いつもよく行く吉本の劇場ではなく別のとても大きな会場での特別公演で、楽屋入りするとハンガーラックがないタイプの部屋だった。

だが、なぜかピアノがある。あるというか「ピアノがおる」という感じだ。そして横に長い化粧台と椅子が二脚、小さめのソファーとテーブルもある。ソファーは鰻と共有という感覚なので、自然と椅子がそれぞれの荷物置きになった。左が橋本、右が鰻。漫才の立ち位置と同様に阿吽の呼吸でポジションが決まると、着ていたアウターを脱ぎ椅子に置いたカバンの上に重ねる。帽子もその上に重ねた、はず。漫才の衣装は化粧台の上に置いた。着替えて、脱いだ私服のシャツやズボンをまたカバンの上に重ねる。この時点で化粧台周りは結構パンパンだ。

1時間後に漫才を終え、衣装から私服に着替え、片付ける。化粧台周りには何もない。椅子も見る。楽屋を出る時に鰻にも「忘れ物ないね？」と声をかけた。いつもの流れ、完璧だ。お疲れ様でした……!

次の日は静岡でのロケで早朝に家を出た。相変わらず髪の毛はボサボサ。今日も帽子を被ろうと玄関横に目をやると、「あれっ、ない?」。はいはい、カバンの中に入れたまねとカバンを探る。ない。めちゃくちゃ探すがない。

「ハ、ハワワ、アワァ、ホニャニャ〜!!!?」

言葉にならず感情が擬音で押し寄せてくる間、昨日の楽屋の状況の全てがプレイバックされる。

そういえば帽子を被って出かけたのに帰りは被っていなかった。衣装や荷物を全部片付けていったら帽子だけ残るはず。本番前に髪の毛をちゃんとセットした後だから、わざわざ帽子を被って帰らない、カバンに入れたか……。この流れの記憶が全くない。となると、そもそも楽屋入りする前までにどこかに忘れていた可能性があるんじゃないか? 喫茶店か、タクシーか? いや、それはない! 思い出した! タクシーで会場の裏口に着き楽屋までのエレベーターを待っていると、扉がミラー加工だったので全身が映し出された。「あれ、久しぶりに帽子被ったけど、今日の服と相性ええなあ。意外に似合ってるなぁ」。年に数回しか発動しないプチナルシストを堪能していた記憶がバッチリ蘇った。楽屋までは確実に帽子を被っていたはずだ。絶望。情けない。自分への苛立ち。虚無感。指差し確認の魔術師でお馴染みのこの僕が、なんたる失態だ。落ち込んだ気持ちのまま新幹線で鰻に会うと、ダメ元で聞いてみた。「昨日、鰻の荷物の中に俺の帽子入ってなかったよなぁ？」

「なかったと思うで、あったらさすがに気づくしなぁ」とごもっともな返答。

そうは言いつつも昔、僕の衣装の赤いネクタイが鰻のカバンに入っていたことがあった。「あっても気づかんでお馴染みやろ」と心の中で少し悪態をつく。「クソッ、ハンガーラックの罠や。なんでピアノあってん!? 旋律より戦慄走ってもうてんねんこっちは。ピアノよりまずハンガーラックやろ。ハンガーよりいろいろ引っかかってもうてんねんこっちは！」。静岡までの新幹線の中で、人のせいにする悪魔が僕の中で縦横無尽に暴れていた。

楽屋を出る時に確認したにもかかわらず、ならば一体どこに帽子は消えたんだ。自分の確認に自信を持っていればいるほど、「じゃあどこにあるのか」という疑問がぐるぐると頭を駆け巡る。本当に異次元にワープしたんじゃないかと思うことさえある。時空のエアポケットに入ったんだと、謎のファンタジー脳も発動してしまう。

そして感情はデクレッシェンド。だんだん弱く落ち込んでいく。「まぁ他にもまだ違うタイプの帽子は家にあったしな」「そろそろ新しい帽子買えってことかな」。無理やり

自分を慰めようとするも、昨日のプチナルシスト橋本が蘇る。失って初めて気づく大切さ。実はあの帽子めちゃくちゃ気に入っていたんや、俺。強がってごめんな……。

そんなデクレッシェンドな気分でも、ロケの最中だけは帽子のことを忘れられた。マネージャーが働きはじめる時間を待って、昨日の会場に帽子を忘れたかもしれない旨をメールで伝えたら、「すぐに確認します」と返信がきた。どうか見つかりますように……。祈るような気持ちで運命の審判が下るのを待っていると、1時間も経たないうちに「昨日楽屋に黒い帽子の忘れ物があったので現場担当の社員さんがピックアップしてくれている」とのこと。「ピックアップ」という文言が今までで一番カッコよく響いた。

このように忘れ物が見つかった時の喜びは半端ない。地獄から天国へ。アディショナルタイムの逆転ゴール並みに震えるような快感だ。これだから忘れ物はやめられない。

ホテルの部屋で

仕事柄、全国津々浦々でお仕事をさせていただくのでホテルに泊まる機会が多い。5日間くらい家に帰れないなんてことはザラにあって、一体僕は何に家賃を払っているんだろうと切なくなることさえある。そんな家の代わりとも言えるホテルについては、思うところというか、気になるポイントがたくさんある。

最近はどこのホテルも専らカードキーで、しかもカードには部屋番号が記されていないものも多く、ホテルの自分の部屋に着いてすぐに軽い気持ちでコンビニに出かけると大変なことになる。帰ってきた時にほぼ確実に自分の部屋を見失うのだ。

カードキーをフロントで渡された瞬間、部屋番号を覚えようとする強い気持ちが必要だ。番号が、802とか503ならラッキーで、馴染みの深い大阪のFMラジオであり、かの有名なジーンズの型番だからだ。551ときたらもっとラッキー、「蓬萊」の豚まんの匂いまでしてくる。

けれどこれが4桁となるともはやお手上げで、覚える気力も湧かない。自分の誕生日ならそれは奇跡の大ラッキーだが、そんなことに大ラッキーは使いたくない気もする。なので、最近はフロントで渡される部屋番号が書かれている紙か、部屋の扉の外の番号をすぐに写真に撮るようにしている。

古いホテルの場合、テトリスに出てくる一直線の長い棒の、クリスタルバージョンみたいなものに短い鎖で鍵が繋がれていることもあって、懐かしくてほっこりする。ただカードキーを差し込むがごとく、部屋に入ってこの長い棒ごと縦に差し込むと部屋の照明がオンになる時に、「この鍵でそのスタンスとってくな」と思うこともある。

これは共感してくれる人も多いと思うが、部屋の冷蔵庫がまったく見当たらない時がある。インテリアをウッドテイストで統一し、スマートかつエレガントにしすぎているせいだ。

「冷蔵庫どこやねん⁉」と焦りながら、木目調の家具やテレビ台の扉をパタパタと開け、何なら絶対にちがうと分かりつつも引き出しもひっぱって探ると「いや、ここ開くんかい！」と、突如として白い冷蔵庫が顔を出す時は、妙に腹が立ってしまう。「徳川埋蔵金みたいな顔すな！　銀行の金庫の隠し扉ぶりやがって」。ツッコミというか悪態が止まらない。

しかも冷蔵庫を開けたら開けたで、「冷凍のスペース狭っ！！！」と思わず口に出ることも多い。カップのアイスすら入らない。棒アイスしか侵入するスペースがないそれは、もはやミッション・インポッシブルだ。

たまに冷凍のスペースが気持ち広めな時に缶のハイボールをキンキンに冷やしたくて、少しだけ冷凍スペースに入れておこうとしたら霜で缶が「スーン」と滑り、奥の冷蔵スペースに落下してしまう。冷凍マグロみたいに……。やはり切ない。

冷蔵庫に飲み物を入れシャワーを浴びてから飲もうとすると、全然冷えていないこともある。よくよく見てみるとそもそも電源が入っておらず「ご使用時は冷蔵庫の電源をオンにしてください」と小さく書かれている。「いや、わかるか〜！　オンにしてもオフにしても、スイッチのオレンジの明かり薄めやがな！　省エネ大事なんわかるけど、これは気づかんて！」

一人ブツブツ言いながら、しぶしぶ電源をオンにする。

今や冷蔵庫と同じくらいすぐに探してしまうのは、Wi-Fi のパスワードだ。地方ロケのあと、ビール片手にタブレットで Netflix や Amazon プライム・ビデオ、YouTube などを見るのが最近の楽しみの一つだ。だがこのパスワードというのも、ホテルから放たれる刺客の一つだ。

「どこに書いてんのや？」

部屋に入ってすぐ、パスワードの大捜索が始まる。

書かれている可能性の高い、カードキーが収められていた簡易な紙のケース。書いていない。デスクの上に置かれた、黒革の厚めのブックタイプのホテル案内に目を通す。書いていない。テレビをつけると最初に映るホテルの案内画面に表示されていることも多いが書かれていない。

僕の信条としてホテルの方になるべく迷惑をかけたくない気持ちが強い。一度だけいくら探しても見つからないことがあり、申し訳ないと思いながら、フロントに電話をしたことがある。謎の敗北感を抱きながら、

「Wi-Fi のパスワードってどこに書いてますでしょうか？」

「今お電話されている電話機に書かれております」

電話機に⁉　視線を下に向けると、確かに電話機自体にパスワードが貼られていた。これは僕の圧倒的な敗北だ。心なしか電話口の向こうから、ホテルの人のしてやったり感が伝わる。

「やはりあなたも他の愚かな刑事達と同じですね、ガッカリですよ」みたいな、謎の怪盗紳士感が醸し出されている。

そんなふうに必死の思いで手に入れたパスワードなのに、入力しても全然 Wi-Fi に繋がらない時がある。アルファベットに間違いがないか、大文字小文字はしっかり合っているか、何度も何度も確認して慎重に入力する。それでも繋がらない。

あまりにも繋がらないので諦めたあるホテルでは、翌朝、帰り支度のためデスク周りを片付けていたらデスクの電気のスイッチの横に、Wi-Fi の電波を入れるスイッチがあった。

「な、な、なんじゃこりゃー！！！」

一人なのに大げさにリアクションしてしまったのは、僕が芸人だからではない。百歩譲って冷蔵庫の電源オフは電気代の節約だとわかるけれど、まさか Wi-Fi までとは。いくらなんでも、これは気がつかない。やられた。絶望をひっさげて部屋を後にする。

いざ寝ようとした時に電気のスイッチが多過ぎる部屋もあって、どれがどこの明かりに対応しているか全くわからないことがある。とりあえず全部押してみて、なんとなく把握するパターンが多い。

この前は、部屋の真ん中の、ベッドの真上にあることが多いメインの電気のスイッチがどこを探しても見つからなかった。かなり探したけれど本当に見つからない。この上ない屈辱と、またしても謎の敗北感。

諦めてそのまま寝ようとしたがさすがに明る過ぎて眠れず、泣く泣くフロントに電話をして尋ねると、

「今かけていただいているお客様の電話機の……」

「電話機の!?」

まさかのデジャブだ。

「……置かれている真下の引き出しの、取っ手と思われる装飾の真ん中に小さい黒い突起があると思うんですが……」

「あ、あります、あります」

「それです」

それですやあらへんがな!! 心の中で会心のツッコミをしてしまっていた。スパイ映

画とかで傘やカバンがいきなり銃になるやつやん！　そもそも「取っ手と思われる」って言うてもうてるやん。もうそれは罠やん。

電気を消すスイッチを「取っ手と思わ」せんといて欲しい。そして黒い点が小さ過ぎる。さらに言うなら、突起してなさ過ぎる。埋め込まれ過ぎている……！

ベッドのシーツは大凧で空を飛んでる忍者くらい体の自由がきかないレベルでサイドにぴっちりと食い込んでいるし、枕が多過ぎる時はどれを使ったらいいかわからないし、使わない枕は邪魔だし。最近は環境に配慮してか、アメニティは部屋には置かれずフロ

ントで必要な人だけ取るようになっているのをうっかり忘れて歯ブラシもらうの忘れがちだし。空気を入れ替えようと窓を開けたらコンクリートがかなり間近に見えるだけだし、紙のスリッパになかなか足が入らなくて亀みたいに裏返った挙げ句なかなか表側に戻ってくれず全然履けないし、ゴミ箱が小さ過ぎてペットボトル一本で満杯になってしまうし、プッシュタイプのハンドソープじゃなくてクッキーみたいなサイズの固形石けんだから泡立つまで時間かかるし、古くて設備もガタがきているホテルなのにドライヤーだけパナソニックのナノイーの最新だし……。

それでもホテルが大好きだ。

子供の頃からずっとある、自分の家ではないところに泊まれるあの特別感、旅行している感、今日はどんなホテルなんだろうというワクワク感。これらのトキメキは、たとえ仕事で泊まろうとも変わることはない。

このエッセイも大阪のミナミのホテルで書いている。

このあと最上階にある大浴場へ行こうと思う。テレビのスイッチを入れ、ホテルの案内画面をよく見ると大浴場の混雑状況を知らせるボタンがある。リモコンでそれを押すと「とても空いている」と表示された。

「めっちゃ便利やん！　そしてラッキー！！！」

書き終わったので早速お風呂に行ってきます。これからも僕は変わらずホテルのお世話になり続けるのだ。

熱海一人旅

2022年の3月に一人で熱海に旅行へ出かけた。結婚する前だったのだが、ラジオでもそれを喋っていたため、後で「あれは一人じゃなかったんですね？」とよく言われた。僕が一人で旅行するなんてあり得ないと、周りは強めに思っているゆえの質問だろう。それもそのはず、人生初の一人旅だった。なぜ急に一人で旅に出たくなったかといえば、40歳をすぎ、自分の価値観はこのままでいいのかと考えることが増えていたからだ。コロナ禍もあいまって、そろそろ価値観のアップデートをしなければならない気がしたのだ。

仕事への向き合い方、そもそもの仕事のやり方、今後何に重きを置いていくか……。

と、たいそうなことを並べてみたが、つまりはナルシズムに浸りたいだけのこと。ホテルの部屋から夕焼け色に染まる海を見ながら黄昏《たそが》れたいだけというか、一人旅ってちょっとカッコええやん、と思った自分がいたのも嘘じゃない。

とにかく、めちゃくちゃすごい宿に泊まってゆっくりしようと決めた。観光ではなく、今回の一人旅の目的はあくまで価値観のアップデートだ。自分との対話にじっくり取り組む必要があるから、宿泊先を最重要視しようと。

昔から大好きな金沢がすぐ頭に浮かんだが、天気予報を見るとあいにくの雨だ。自分との対話中の雨は、きっと切なさが増しそうだ。やめよう。

次に浮かんだのは、これまでよくロケでも訪れたことのある熱海だ。東京から新幹線で40分程度という近さも良い。すぐに検索してみると、それはそれは素敵なオーシャンビューの部屋が見つかった。しかも露天風呂付きの客室だ。天気予報は曇りの予想。ギリギリセーフ。ここしかないとすぐに予約した。

旅行当日の朝はワクワクしながら目が覚めた。チェックインは15時からで、観光する予定がないこの旅に早起きは不要。それもまた良い。

熱海駅に着くと、心地よい風が僕の頬を揺らす。気持ちよく歩いていたらいつの間にかホテルに到着した。海が近くて大きくてモダンな建物を前に、誰に聞かせるわけでもなく「最高やん」とつぶやいた。

チェックインの手続きを済ませると、ブラック革張りでありながら座り心地はふんわりしたソファーでお待ちくださいとのこと。すぐに出てきたお抹茶と和菓子にテンションが上がる。上品な甘みが全細胞に染み渡る。ナイス過ぎるオープニングアクトだ。

ホテルのスタッフの方は優しく上品で、かつスマートな所作。ナイスダンディな雰囲気につられて、案内される間、僕は「きれいなホテルですね、いつできたんですか」と大人のつなぎトークを繰り広げる。これぞ一人旅。

部屋の扉を開けると「わぁ〜」と漫画みたいな声が出た。というか漏れ出た。想像以上に素敵な部屋で、窓のむこうはオーシャンビュー。ベッドに寝転べば、そのままオーシャンビューを楽しみながら就寝できる仕様だ。

テレビはないのかなと思ったら、ボタンひとつでベッドの足元にあるウッド調の低めの棚の中からテレビがせり上がってくるタイプだった。漫才の聖地、なんばグランド花月のセンターマイクやん！　寝転びながらテレビが観られるし、オーシャンビューを見たければテレビは下に埋め込まれていきますのでご安心を、の設計だ。

しかもその棚を背に大きいソファーが置かれ、これがまた幅もしっかりあって家のやつよりデカい。硬さも絶妙。ソファーに座ってのオーシャンビューはベッドより近くなって、その距離の差は少しだけなのにオーシャンビューは僕の眼前に迫ってくるように感じる。

窓を開けるとベランダには露天風呂があった。ベッドよりソファーより露天風呂がオーシャンビューに一番近い。「オーシャンビューのオーシャンビューによるオーシャンビューのためのホテル」といっても過言ではない。そう、深い意味はない。オーシャンビューと言いたいだけ。

冷蔵庫には熱海の地ビール2本、別のタイプの地ビール2本、つぶつぶオレンジ2本、高級そうな水のペットボトル2本、大瓶のシャンパンが1本……。本来二人部屋なので、色々な飲み物が2本ずつ入っている。宿泊料金は二人でも一人でも一緒だったから、一人で泊まる人はきっと珍しいのだろう。

だが、何度も書いているように今回の旅の目的は自分との対話だから、ある種、自分が二人で泊まっていると思えばいいのだ。ちなみに、冷蔵庫の中の商品はすべてサービスで無料だという。なんと贅沢な！

部屋の全体像がつかめたので、とりあえず大浴場へ行くことにした。部屋に付いている露天風呂はあとで楽しもう。大浴場はこれがもう、期待を裏切らないすごさで、やはりここでも眩いばかりの大パノラマオーシャンビュー。眩いばかりという表現が決して大げさではないほど、本当に輝いていた。そして僕の他に誰もいない。嘘やろ？　独り占め？　こんなに広い大浴場で奇跡過ぎるやろ。

しかも外にある露天風呂は湯船から水平線までつながっているように見える。海と一体となって、まるで温かい海に浸かっているかのような錯覚に陥るくらいの絶景だ。溶ける。体が溶けていく。一艘の船が横切る様子には、子供のようにはしゃいでしまう。

部屋に帰ると、さっそくご当地の瓶ビールをあけてグラスに注ぐ。もうこの一人旅は勝利確定だ。渇いた体にビールが染み渡っていく。麦芽と握手した僕の喉は、パッカーンと音をたてて開いた。

自分との対話に備えて、この日のために買っておいた哲学系の漫画を読む。良い、とても良い。全編考えさせられる。いいぞ、アップデートは良好だ。

時計を見るとまだ17時。ホテルだけ決めて他はノープランだったから、夕飯のお店を携帯で検索してみる。そのうちの一軒に電話をし、18時過ぎに予約がとれた。順調だ。

肌寒さを少し感じながら、お店に行くまでの道中にきれいな梅の花を見つけた。風情を感じとれる、俺。ナイスダンディ。

店のカウンターの端っこに案内される。一人旅には最適なポジションをゲットした。ちょこちょことつまみながら瓶ビールで始まり、焼酎、日本酒などをいただく。ご夫婦で営んでいるそのお店はつかず離れずの心地の良い距離感と接客で、初めて来たとは思えないほど居心地が良かった。

お刺身が美味しくて、日本酒がすすむ。おでんや、タコのぬた和えなんかも最高で、ぬた和えの美味しさがわかる僕は、やはりナイスダンディ。

2時間ほどで十分満たされた後、コンビニでつまみとウイスキーを買いホテルへ戻る。二軒目に行くことも考えたが、なんといっても今回は価値観アップデート旅なのだ。ま

っすぐ帰ろう。

部屋に戻るとすぐ、前日に無印良品で買っておいたシンプルなノートと書きやすそうなボールペンを、スーパー最強ソファーの前にあるオシャレなテーブルの上に広げる。あのせり上がるテレビには目もくれず、電源さえ入れていない。この静寂の中で自問自答し、考えを巡らせながらこれまでの価値観を見直すためにここに来たのだから。

シャンパンが冷蔵庫にあるのを思い出し、自分ともう一人の自分とで乾杯をした。さしずめ、過去の自分とこれからの自分との乾杯といったところか。その会話の中で気づいたこと、これからの展望、これまでの価値観、アップデートが必要な理由など、脳内に浮かんだ疑問や自分なりに出した結論などをとにかく、とにかくひたすらに書いていく。いいぞ、いいぞ！

露天風呂、美味しいお酒、素晴らしい景色を前に、都会のしがらみから解放された僕は徐々に自分の心の内を開いていく。ボールペンを握る手に熱がこもるのが自分でもわかる。ここに来てよかった。一人旅ってめっちゃええやん。

ハッと気がつくと、時計の針は午前3時を指していた。記憶がない……。いつの間にか寝てしまったようだ。ソファーがあまりにも良すぎた……。お酒があまりにも美味しすぎた……。飲みすぎた……。心の内を開きすぎた……。解放されすぎた……。

そうだノートだ。ノートを覗き込むと、自分との対話の記録はたった2ページだけだった。少なっ！　ソファーで寝てしまうなんて、もはやそれは家と同じだ。何してんねん俺。アップデートのゴールデンタイムをみすみす逃した。

落胆しながらも3時から大好きな海外のサッカーの試合があったので、この時間に起きていることも普段はないし観ておこうかということで、タブレットを開き Wi-Fi をつないでその試合を観ることにした。

朝5時までしっかり見届けて、6時から開く大浴場に時間きっかりに向かった。海と一体化した露天風呂に浸かりながら、朝日が昇る絶景を見る。

部屋に戻ると、あんなにいいベッドで全く寝ないのももったいないと、2時間ほどベッドで寝る。そして部屋についている露天風呂にも慌ただしく浸かり、つぶつぶオレンジジュースを流し込む。残りの地ビールとつぶつぶオレンジ、良さげな水をリュックに詰め込んだ。サービスだから……と、高級ホテルに泊まる人間にあまり似つかわしくない貧乏性を発動してしまう、俺。ノットダンディ。行きよりかなり重たいパンパンのリュックを背負い、お昼前に熱海駅へ向かった。

人はたった一日では変われない。でも、なんとかアップデートしようとして自分なりに書いた2ページを見返すと、未来が少しだけ拓《ひら》けた気持ちになれたから不思議だ。

熱海一人旅の俺、少しはナイスダンディだったかもしれない。

踊り疲れた鰹節

今でも鮮明に覚えている、あの夏の出来事。新宿のルミネにある劇場の出番と出番の合間に一人でラーメンを食べに行った時のことだ。

新しいラーメン屋さんを調べて行くのが大好きで、この日も美味しそうなお店に目星をつけていた。ネットで調べていたそのラーメンは鶏と魚介から丁寧に出汁をとったものので、鶏油《チーユ》までかけられた最高に魅惑的な画像が載っていた。ワクワクしながら歩く。もしかしたら鶏の歩き方になってたんちゃうかってくらい、鶏ラーメンで頭が埋め尽くされていた。

しばらく歩くと目的のラーメン屋さんを発見。外にメニュー表のベニヤの看板が鎮座していた。

「わ、いろんな種類のラーメンがある!!」

ネットには載っていなかったラーメンもある。これは迷う。大いに迷うが、ここは球団スカウトがずっと追いかけてきた第一巡選択希望ラーメンを指名するしかないやろ、ということで鶏醤油ラーメンに決定。

店の中に入り券売機の前で鶏醤油ラーメンのボタンを押す。お釣りをとろうとしたその時、「特製たまごかけごはん」の文字が脳に入ってきた。ん？　美味しそうかも。この場合の特製はどういうことや？　なにか情報がないかとすぐに店内を見渡す。壁に貼られているラミネートされたポスターの、「特製たまごかけごはん」のビジュアルが目に入ってきた。その上に「旨い！　厳選たまごを使用、鰹節踊る」みたいなキャッチコピーが。どうやら鶏と魚介で出汁をとっているので卵もいい鶏のを使っているし、いい鰹節を使っていると。最高の組み合わせやん。夢のタッグやん。なぜか漫画『スラムダンク』の名シーン、桜木花道と流川楓のハイタッチ場面が脳内に現れる。手が合わさった時の、パーンという音も聞こえてきた。

これは頼もう。道場破りが如く心の中で叫ぶ。特製たまごかけごはんのボタンを強く押す。鶏醤油ラーメンと特製たまごかけごはんの食券2枚をしっかりと指先に挟んだ僕は、一人なのでカウンターの一番左端の席に案内された。

店内はお昼時を過ぎているのに混んでいて、すぐに座れたのはラッキーだ。端ではあるが落ち着くし、中央で行われているラーメンを作る調理過程も見られる、なかなかの特等席だった。熱々のご飯が炊飯器から茶碗に盛られ、真ん中の少しくぼませたところに真っ黄っ黄ならぬ、真っオレっオレなオレンジ色の卵黄がプルンと投入される。さながらホールインワンの感動。その周りに削りたての鰹節が乗せられる模様。

店員のお兄さんの、鰹節を大量に握りしめた右手から、気がはやってフライング気味にこぼれ落ちたヒラヒラの鰹節が3枚ほど茶碗に到着する。先に投入されている卵黄と3枚の踊る鰹節。それはもうフジテレビのマークのようだった。

そして大量の鰹節が卵黄の周りに解き放たれる。「鰹節踊る」の謳い文句に偽りなしで、まごうかたなき熱々のお米のダンスフロアで踊り倒す鰹節。「朝まで踊り明かすぜ〜」と言わんばかりの躍動だ。その鰹節は魚偏に堅いとは真逆の、魚偏に遊ぶでもええんちゃうと言いたくなるくらいはじけていた。

最高の状態で目の前に着丼した。涙の形みたいな陶製の器に特製の醤油が添えられている。最高だ。

いざ食べようとした瞬間、鰹節自らが踊っているのとは別の、不可思議な踊りをしている鰹節エリアがあった。「ん？　なんやこれ」と、そのエリアの上を見上げると、一台の扇風機が目に入った。天井の左隅に大衆食堂のテレビが如く備え付けられていて、スポットライトよろしく、思い切りこちらに向いている。「ウソやろ⁉」。動揺を隠しながら同じくたまごかけごはんを注文している隣のお客さんを見ると、何食わぬ顔で食べている。首振り扇風機にもかかわらず、どうやらこの左端の席のみ、その風の影響をモロに受けている模様だ。

「ちょっと待ってくれ、誰もシュミレーションしなかったのか？　いや、シミュレーションやったっけ？　いや今それはどうでもええねん、シミュレーションもなにも、わかりそうなもんやん！　扇風機設置一日目なの？」

ついさっきまで特等席だと喜んでいたのに。ラッキーからのアンラッキーだ。乗車ギリギリ間に合ったと思ったら逆方面の電車に乗ってしまった気分。とりあえず、すぐさま左手で風の直撃をガードする。そしてちょっとだけ左肩を内に入れてみるが、そんなことでは対処できなさそうだ。

急に訪れた緊急事態に、黄色と黒の「ＷＡＲＮＩＮＧ！」の7文字が頭の中で鮮やかに浮かび上がり警告音が鳴り響く。店員さんは全く気づいていないようだ。

不幸中の幸いというか、首振り扇風機なので直撃しない時間帯も存在する。監視カメラの死角をかいくぐってお宝を盗みに行くルパンばりの俊敏さが求められる。何人かの鰹節たちは風圧で茶碗の外へ。少しの犠牲はやむを得ないか。無念だ。なるべく被害を最小限に抑えるべく奮闘する。早く鰹節達に潤いを与えて激しい踊りを中止させなければ！

そうこうしている間にラーメンも到着した。風が直撃していない時だったので店員さんは気がつかない。他のお客様の手前「扇風機止めてください」と言えるわけもなく、そもそもこの状況を店員さんに気づかれたら扇風機を止めてくれるかもしれないが、こ

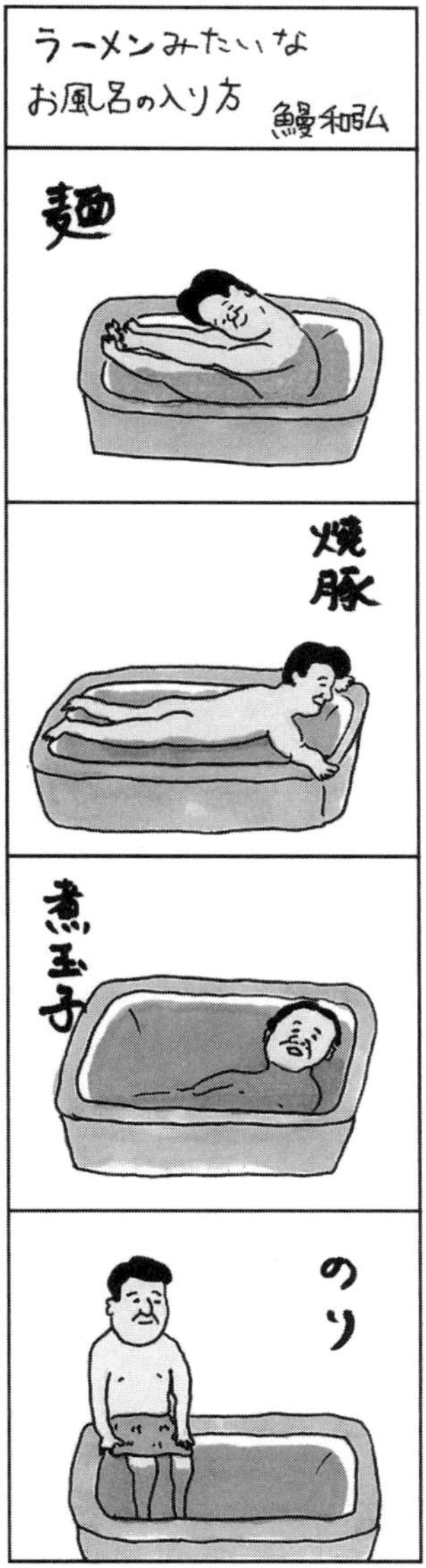

ちらの落ち度ではないのに、きっとクスクスと笑われるだろう。昼バイトの子がシフトを変わるタイミングで夜バイトの子にも言うやつやん……。

ラーメンに集中したいのにまだたまごかけごはんを守り続けないといけない。『ボディガード』のケビン・コスナーか！　そんなツッコミをしている場合ではない。一刻も早く踊る鰹節に湿り気を。

風が直撃しないタイミングを見計らって左手のガードを外し、茶碗に添える。特製醤油を、踊る鰹節達へまわしかける。バケツで消火作業をしている気分だ。醤油がかかっていない部分はまだ踊り続けていて、首振り扇風機の風がまた直撃する。再び左手でガード。扇風機が右に旋回していく。あっち向いてホイをやっている場合ではない。タイミングを見計らい、真ん中の卵黄を潰し一気に鰹節を巻き込んで湿らせていく。

ＢＯＲＯさんの名曲よろしく、夜通しはしゃいで踊り疲れたディスコの帰りのように、大阪で生まれた鰹節達がこれで青春も終わりかなとつぶやいて帰路につく。鰹節は静岡産だったと思うが、細かいところは気にしないでおこう。

とりあえず、これでやっと集中して食べられる。一口口に入れると、うまいっ！ではなく、まさに「旨い！」で、ラーメンも熱々のうちに食べなければと気持ちが焦る。ラーメンも絶妙な出汁が胃に染み渡り、相当に旨い。

次々に麺をすすっていると体内がラーメンでだいぶあたためられたのか、汗が吹き出してきた。すると首振り扇風機の風が心地良く、さっきまでの敵も今や強力な味方となった。むしろ扇風機さんに「こっち向いて」と書いたうちわでも掲げたくなる。

たまごかけごはんとラーメン。たまごかけごはんを口に入れたあとのスープがまた絶妙なハーモニーとなって抜群の相性を誇る。最高や。

胃袋が満たされ気分が良く、ラーメンも残り一口。ふと、味変用に置かれた業務用サイズの大きいブラックペッパーが目に入った。最後の一口も幸せに包まれたいと、そのブラックペッパーを振ってみたところ、勢いよく振りかけたブラックペッパーは風圧で向かい風のように押し戻されラーメン鉢の右外側へ流れていった。

完全に油断した。完全に調子に乗っていた。順調に食べ進められていたものだからついさっきの鰹節事件がもう風化していた。人間とはなんと愚かな生き物なのだろうか。テーブルに電動髭剃りでも掃除したんかみたいにブラックペッパーのつぶつぶが悲しく散らばっていた。

ごめんよ、しっかりとラーメンの中に入れてあげられなくて。ペッパー警部に逮捕されそうな勢いでこんなしょうもない過ちを犯してしまった自分を恥じる。次は風の向きを計算してブラックペッパーを振らなければいけない。プロゴルファー並みに風を計算に入れてラーメン鉢の左端に振りかけてみた。風により右に流されてちょうど真ん中へ振りかかるんじゃないかと予測してだったが、見事にタイミングをミスった。風がきてない時に振ってしまったので、ラーメン鉢の左外側へこぼれ落ちた。

ここで僕はようやく気がついた。風がきていない時に真ん中に振りかけたらよかっただけやん、と。

ダブルボギーにもほどがある。僕は静かに台拭きを手に取り、鰹節とブラックペッパーが散らばったテーブル周りをしっかりと拭う。こぼれ落ちた鰹節とブラックペッパーへのせめてもの贖罪だ。

毎年夏が来るたびに、僕はいつもこのラーメン屋さんでの出来事を思い出す。

あの左隅の扇風機は今も鰹節が踊り疲れないように風を起こしているのだろうか。今年の夏、再訪して確かめてみようと思う。

結婚

２０２３年に結婚した。

婚姻届を提出しに役所に行ったら、観光地等でよく見られる顔はめパネルみたいなのが置いてあった。日付と「結婚おめでとう」の文字が書かれていて、ご自由にお写真どうぞとの貼り紙があったが、わざわざここで撮る人いるのか？と、瞬間的に僕は思ってしまった。浮かれ過ぎやろそれは。観光地でもないし、提出した時に記念にどこかで撮るとしてもここではわざわざ撮らんやろ。だが、若いカップルたちは、そこでバンバン撮っていた。僕はもちろん撮らなかった。

その日はまず役所に着いて整理券みたいなのをとって呼ばれるのを待っていた。銀行とか郵便局、はたまた行列のできるラーメン屋みたいやなぁ。ここで順番を待っている人たちは結婚同期ということになるのかなぁ。結婚記念日が同じ者同士ってなんか変な感覚やなぁと、相変わらず脳内でのツッコミは続いていた。いつもと変わらない。

手続きが済み戸籍上は無事結婚したことになったが、何か変わったかと問われれば特筆すべき変化は今のところないように感じている。

なので妻からの視点で、僕に対して思っていそうなことを勝手に並べてみたいと思う。

「家の玄関狭いのにめっちゃ物置くやん！」

潔癖寄りの僕はカバンや、スーツを入れるガーメントバッグ、外で着てきた洋服などを部屋の中まで入れたくないので、玄関周りに置きがちなのだ。

まだこれに関しては一度も怒られたことはないが、薄《う》っすら絶対思っているだろうなと。

「絶対寝るって！」

晩御飯の時にビールや焼酎を飲んだ後、締めでテレビを見ながらウイスキーをロックで飲むと、ほぼ100パーセントの確率でソファーで寝るのでウイスキーはロックで飲まない方がいいんじゃないのと言われている。でも、最後はロックが美味しいのでつい飲んでしまう。

そうすると案の定かなり大きめのイビキをかいて、いつの間にかテレビをつけっぱなしで寝ている。「こいつ学習せんなぁ」と思っていると思う。

さらに僕はサッカーが大好きなのだが、この前もヨーロッパのナショナルチームによる大会、ＥＵＲＯ２０２４が行われていた。

今回はドイツでの開催で、時差により基本的にキックオフの時間が遅い。めっちゃ深夜で、深夜４時から試合開始というのが多かった。深夜というよりもはや早朝だ。

それでも、なんせワールドカップやオリンピックと同じ４年に一度の大会なので、これはお祭りなのだ。サッカーファンとしては絶対に観ておきたい。準々決勝、準決勝と白熱していく中、試合開始まで粘ろうとするものの、いつもソファーで寝てしまう。

「サッカー好きなんわかるけど、結果全然観れてなくない？」と超正論を言われる。

「そんなに観たいなら一回寝て、もう一回起きてから観たら」と言われる。

決勝の試合開始時刻は同じく4時。夜中1時に一旦寝て3時50分に起きて試合を観る。眠気もなくめっちゃ集中して観られた。

ありがとう。ナイスコーチング。おっしゃる通りでした。妻の言うことに従ってよかった。一人なら頑なに頑張って4時まで起きて観ようとしていただろう。そして絶対2時くらいに寝落ちしていただろう。

一人暮らしが長いと自分の考えやルーティンが凝り固まってなかなか変革できていなかったから、これくらいささいなことでさえもありがたい。

「なんでサッカー観たくて起きてるのに直前でめっちゃ寝るねん、トンチか？　なぞなぞか？　それともあえてそういう修行でもしてんのか？　テレビつけっぱなしやから寝室から私の方がサッカー観るというより聴いてたわ」と思っていたと思う。

「洗い物すんの早っ！」

一人暮らしの頃は洗い物も自分のためだけなのである程度溜まってから一気に全部やっていた。今は少しでも家庭の戦力になりたいのと、ちょっとでも褒められたいので、なるべく食べ終わったらすぐ洗い物をするようになった。

洗い物の一括払いよりその都度分割払いの方が綺麗な時間が長いし、しばらく溜めたときよりも汚れもこびりついていないので洗い物もしやすい。

「洗い物してくれるのはええけどドヤ感が漏れてるぞ」と、妻は思っているかもしれない。

「賞味期限切れた商品食べ過ぎや！」

一人暮らしでは買ってきた食料品やいただきものが食べ切れないことが多かった。賞味期限が切れても、もったいないので僕は全然食べるのだが、「お腹壊すからやめといた方がいい」とよく言われる。

「いやいや賞味やから！」

「いやこれは消費って書いてるから！」

といった、賞味期限と消費期限の攻防もいつも行われていて、下痢になることはあってもお腹が痛くなることはないんじゃないかと僕は思っている。

人よりお腹が強いんだという僕のアピールを、「その基準なんやねん、お腹痛くなくても下痢になってたら一緒やがな」と思われているだろう。

「寝る前にテレビの番組表ずっと見過ぎ！」

便利になったもので今ではテレビのリモコンの「番組表」のボタンを押せば2週間先くらいまでの番組表が簡単に見られる。

新聞のラテ欄を凝視していた人間にとって、これは革命的だった。

僕はかつて、どの新聞のラテ欄が一番情報が多いかといったことまで把握していた。深夜帯のとてつもなく細い、ほぼぺしゃんこになった横枠の一行、なんなら3文字4文字からだけでも、そこから得られる情報をなんとか汲み取り、この番組は面白いか面白くないかを判断していたくらいだから、必ず寝る前に先々の、表示されなくなるまでの、見られる限りの番組表をチェックする。

そして面白そうな番組の匂いを嗅ぎ取れば、片っ端から録画予約する。これはもう宝探しに近い。

この番組まだ誰もノーマークっぽいからこれはええの見つけたぞ。絶対面白いはずやと。さながら高校野球を熱い視線で見つめるプロのスカウトのように、面白そうな匂いがする番組を発見するのがめちゃくちゃ楽しい。

話題になってから後で見るのと、もうそれを既に見ていたのとでは訳が違うのだ。そのピッチャーもう中学生の時から目つけてたで、みたいな。それを地上波のみならず、BSまでチェックするのでたまに30分くらい番組表を見ている時もあるくらいだ。そんな時間があったら番組を一つ見られたやろといつも思うが、これがなかなかやめられない。毎日やっている。

なぜ毎日やるかというと、前日に凝視したテレビ欄に見落とした面白そうな番組があるかもしれないからだ。いたってシンプルだけれど重要な理由。見逃していた番組を見つけた時は、この上なく嬉しい。

昨日チェックしていたのにまだこの面白そうなやつ見逃していたなんてあぶねぇ～と思いつつ、ニヤついてしまう。

かなり容量の大きいレコーダーを持っていて、「全録」という機能のおかげで、地上波は1ヶ月分くらい丸々、まさに全部録画できている。

BSは全録設定していないので、BSの番組表を見る時は、より繊細になる。見逃したら終わりという緊張感がより丁寧に見るという集中力につながっていく。

妻は僕のこの習慣をきっと知らない。

なのでこの事実を知ったら絶対にこう言うだろう。

「地上波は全部録画してるんやったら、番組表見んでええやろ！　あとでなんぼでも見直すことできるやろ！　せめて番組表見るのはBSだけでええやろ！　BSの番組表見るとしてもせめて次の日までや！　なんでそんな先までチェックせなあかんねん。てか早く寝ろ！　とりあえず寝ろ！！！」

「めっちゃ屁こくやん、ほんでこいた後なにがそんなに嬉しいねん！」

これはもうほんまにすいません。

大変迷惑な話だと重々承知の上だが、屁をこいた時の一緒にいる人の反応を見るのが好きなので、ついついこいてしまう。

相方の鰻と妻の、本気で嫌がるリアクションが大好き過ぎるのだ。なので屁種が腸からコポコポとエアリーな気配を内包しながら肛門へ降りて行く瞬間はたまらない。

誰もがこの平穏な時間が保たれるのを信じてやまないなか、自分だけがこの後めっちゃ屁が出ると知っている状態、放たれた刹那パニックになることを想像するとワクワクしてしまう。

ソファーに座っている時に少しお尻を斜めに浮かせただけで、妻はその時ばかりはすごい反射神経でソファーから離れる。

まるでくノ一。

大きな音の屁なら最高なのだが、隠密な屁の時はこちらも少し切なくなる。気づかれるためにこいているので、こきがいがない屁は切ないものだ。

ひとつだけ断っておくと、基本的に僕の屁はあまり臭くない。悪臭を放つ率はだいぶ低いと自負している。

屁イコール臭い、は偏見だ。もはやお尻が奏でるメロディーだと思っていただきたい。不思議なことには、妻が用事で実家に帰って家で一人の時はまったくと言っていいほど屁が出ない。

勝手に想像して勝手に書いてみたけれど、最後に、たぶん妻はこう思っているだろう。

「そう思われていると思ってるんなら、全部直せや！」

おわりに

本当に本が出るの？

本は人様の書いたものを読むものであって、まさか自分の書いたものが本になるなんて、今更ながらびっくりです。初めてテレビに出られた時の感覚に近いといいますか、「え！　本当にテレビに出たのか俺は、あの憧れていたテレビに」みたいな気持ちで、「本、俺が!?　本屋さんに置いてくれるの？　誰か買ってくれるの？　誰か読んでくれるの？　誰かの家の本棚に並べてくれることもあり得るの？」

これは本当に嬉しいですね。


なにより本の虫だったうちの親父が生きていたらどんなリアクションしたか気になります。なんて言ってきたでしょうね。めっちゃダメ出ししてきそうですが。

一冊本を書いてみて、自分がなぜこんなにツッコみ続けているのか少しわかった気がしています。

読者の皆さん、日常生活においてムカついたり、切なかったり、苦しかったりした時はその怒りを脳内で少しだけツッコミ口調に変換してみてください。それだけで少し、目の前で起きている事象が「ボケ」に見えてきますから。

細かいところが気になりすぎてたまにしんどくもなりますが、なんとか今日もツッコみながら生きております。

初出　「波」2022年11月号〜2024年4月号
「Book Bang」2022年11月
単行本化にあたり、加筆修正をしました。
「結婚」は書き下ろしです。

装画・4コマ漫画　　鰻 和弘

マネジメント　　中嶋大吾（吉本興業株式会社）

橋本 直（はしもと なお）

1980年生まれ。兵庫県出身。

関西学院大学経済学部を卒業後、2005年に鰻和弘とお笑いコンビ「銀シャリ」を結成し、2016年に「M-1グランプリ」で優勝。現在はテレビやラジオ、劇場を中心に活躍し、幅広い世代から人気を得ている。

本書は初めての著作になる。

細《こま》かいところが気《き》になりすぎて

発　行　2024 年 10 月 30 日
5　刷　2025 年 3 月 10 日

著　者　橋本直《はしもとなお》

発行者　佐藤隆信
発行所　株式会社新潮社
〒162-8711　東京都新宿区矢来町71
電話　編集部　03-3266-5611
読者係　03-3266-5111
https://www.shinchosha.co.jp

装　幀　新潮社装幀室
組　版　新潮社デジタル編集支援室
印刷所　株式会社光邦
製本所　大口製本印刷株式会社

ISBN978-4-10-355851-4 C0095

この素晴らしき世界　東野幸治

芸能界屈指のゴシップ好きが容赦なくイジり倒す、アクの強いお笑い芸人たちの知られざる伝説。総勢32人登場、何かと話題の「吉本バイブル」、ここに堂々誕生！

大家さんと僕　矢部太郎

1階には風変りな大家のおばあさん、2階にはトホホな芸人の僕。一緒に旅行するほど仲良くなった〝二人暮らし〟の日々はまるで奇跡。泣き笑い、ほっこり実話漫画。

大家さんと僕　これから　矢部太郎

季節はめぐり、楽しかった日々に少しの翳りが見えてきた。別れが近づくなかで僕は……。日本中がほっこりしたベストセラー漫画の続編。涙と感動の物語、堂々完結。

「大家さんと僕」と僕　矢部太郎ほか

デビュー作がいきなりのベストセラーとなった矢部さん＝僕は、予想外の出来事に次々と巻き込まれ……。待望の描き下ろし漫画も収録した『大家さんと僕』番外編本！

ぼくのお父さん　矢部太郎

絵本作家の「お父さん」は、家にいて一緒に遊び絵を描く。ふつうじゃなくて、ふしぎで少し恥ずかしい。『大家さんと僕』の著者が実の父を描く、ほのぼの家族漫画。

プレゼントでできている　矢部太郎

もう会えない誰かや、目に見えない何かとも、〝プレゼント〟でつながれる——。『ぼくのお父さん』の矢部太郎が贈る、深くてほっこり、待望の新作コミックエッセイ。

劇　場　又吉直樹

演劇を通して世界に立ち向かう永田と、恋人の沙希。夢を抱いてやってきた東京で、ふたりは出会った。かけがえのない大切な誰かを想う切なくも胸にせまる恋愛小説。

敗北からの芸人論　徳井健太

負けを味わった奴だけが売れる――。加藤浩次、千鳥、オードリー、かまいたちなど、どん底から這い上がった21組の生き様を、笑いに救われた男が熱を込めて綴る！

オードリーのオールナイトニッポン
トーク傑作選2019-2022
「さよならむつみ荘、そして……」編　オードリー

「オウムを飼いたい」「大磯のTバック男」など、激動期の傑作トーク38本と、熱烈リスナー5組のインタビューを収録。読む「オードリーのオールナイトニッポン」。

オードリーのオールナイト
ニッポンin東京ドーム
公式余韻本　オードリー

16万人が熱狂、伝説の東京ドーム公演。250点以上の写真と1万字超の密着レポを収録。対談やインタビューも満載で、全コーナーの興奮と感動の余韻に浸ってください！

ちょっと不運なほうが
生活は楽しい　田中卓志

「どこかの優しい誰かが読んでくれたら……」。人気芸人の悲喜こもごも（悲、強め）の日常は、クスリと笑えて、妙に共感。アンガールズ田中、初めてのエッセイ集！

こんなにバイトして
芸人つづけなあかんか　ピストジャム

慶應卒、吉本所属、芸歴20年。不思議な仕事から職場でのトンデモ事件まで、売れなかった芸人が、やむにやまれず生業としてきた数多のバイト遍歴を綴るエッセイ集。

Dove mi trovo

Jhumpa Lahiri

わたしのいるところ

ジュンパ・ラヒリ

中嶋浩郎 訳

CREST BOOKS

Shinchosha

目次

Photograph by yasuko oki / Roonee
Design by Shinchosha Book Design Division

わたしのいるところ

場所を移動するごとに、とてつもなく大きな悲しみを覚える。苦しみや喜びの思い出がある場所を離れるとき、もっとも悲しいわけではない。壺の中で揺れる液体がわたしを混乱させるように、変化そのものがわたしを不安にする。

――イタロ・ズヴェーヴォ「エッセイと雑稿」

歩道で

朝食のあと、道の高い塀に立てかけられた大理石の碑板の横を通る。死者のことは知らないけれど、月日がたつうちに名前と名字は覚えてしまった。生まれた日付と死んだ日付も知っている。この人は二月の誕生日の二日後に亡くなった。自転車かバイクの事故だったのだろう。それとも夜中にぼんやり歩いていて、はねられたのかもしれない。

四十四歳で彼は命を落とした。まさにここ、塀の横のこの歩道で死んだのだろうと想像する。塀は草が伸び放題なので、碑板は下のほう、通行人の足下に置かれてある。道は曲がりくねった上り坂で、少し危ない。歩道は歩きにくく、木の根がいくつも顔を出している。根のせいでほとんど通れないところもあって、確かにわたしも道路の真ん中を歩くことが多い。

いつも赤いガラスの容器の中にロウソクがともっていて、小さい花束と聖人の像が置いてある。だが彼の写真は一枚もない。ロウソクの上の塀には、汚れたビニール袋に入った母親の手書きのメモが貼りつけてある。一瞬でも立ち止まって息子の死に思いを巡らせてくれる人たちへのあいさつの言葉だ。「私の息子のために時間を割いてくださる方に直接お礼ができれば本望なのですが、それがかなわないのでしたら、せめて心からの感謝を」と書かれている。

その母親を見たことはないし、碑板の前に人がいるのも見たことがない。息子のことを思うのと同じように母親を思い、ほんの少ししょんぼりして歩きつづける。

道で

住んでいる地区の通りで、恋愛をして、ことによるとずっといっしょにいることになったかもしれない一人の男性にときどき行き会う。彼はわたしの女友だちと暮らしていて、子どもも二人いる。わたしたちの関係は歩道での長いおしゃべりやコーヒーの立ち飲み、それにせいぜいちょっと並んで歩くくらいのものだ。彼は自分の計画のことをジェスチャーたっぷりに熱心に語り、歩いているとき、すでにかなり接近している体がシンクロして、ときには軽く絡みあったりもする。

一度、彼がランジェリーの店につきあってくれたことがある。わたしは新しいスカートの下にはくストッキングを選ばなければいけなかった。スカートを買ったばかりで、その晩の夕食のためにストッキングが必要だった。わたしたちはいっしょに、台に並べられたありとあらゆる色のサンプルにざっと目を通した。サンプルはか細い透明な生地の切れ端でいっぱいの本のようだった。ブラジャーやネグリジェに囲まれた彼は、まるでわたしたちが下着店ではなく金物屋にでもいるかのように、すっかりくつろいでいた。わたしはグリーンにするか紫にするか決めかねていた。紫を買うようにわたしを説得したのは彼だった。そして店員は、ストッキングを袋に入れながら、「ご主人は見る目がおありですね」と言った。

このような出会いで、わたしたちのいつものそぞろ歩きは気持ちよく中断される。わたしたちは罪のないいつかのまの情愛を味わう。これでは前へ進めないし、追い風もけっして受けられない。彼は清廉な男性で、わたしの友だちと子どもたちを愛している。

わたしは誰かと人生を分かちあっているわけではないけれど、それでも強く抱きあうだけで十分だ。両頬へのキス、いっしょに歩くわずかな距離の道だけで。二人とも言葉には出さないが、望みさえすれば、何かまちがった、無益でもある冒険に乗り出すことができるとわかっている。

今朝、彼はぼんやりしているように見える。自分の真ん前に来るまでわたしに気がつかない。橋を渡っていて、彼は一方から、わたしは反対側からやってくる。真ん中で立ち止まり、川沿いの塀に映る通行人の影を眺める。それは列になって揺れ動く亡霊、一つの世界から別の世界に移動する従順な魂のようだ。橋は平らなのに、影——固い塀に映る実質のない形——は絶えず高いところへと上っていっているように見える。不吉なゴールに向かって黙って進む囚人たちのようだ。

「いつかこの行列を撮影してみたいね。いつでも起きるわけじゃなくて、太陽の位置によるんだよ。毎回感動して見とれてしまう。魅惑的な何かがあるんだと思う。急いでいるときでもつい立ち止まってしまうんだ」と言う。

「わたしもよ」

彼は携帯電話を取り出し、わたしに聞く。「撮ってみようか？」

「うまく撮れた？」

「ぜんぜんだめだ。こいつじゃ何も捉えられない」

わたしたちはこの音のない光景、止まることなく動くいくつもの黒い人影を見つづける。

「これからどこへ？」

「仕事に」

「コーヒーでも飲もうか？」

「今日は時間がないわ」

「それじゃあチャオ、またね」

わたしたちはあいさつをして別れる。そしてわたしたちもあの塀に映る二つの影になる。それは捉えることの不可能な日常の光景。

仕事場で

ここではしっかりと集中するのが難しい。同僚や廊下を通る学生たちに囲まれて、さらし者になっているように感じる。彼らの動き、彼らのおしゃべりにいらいらしてしまう。

無駄と知りつつ、部屋を暖かくしようとする。本棚をいっぱいにするための本を、毎週、家から買い物バッグに詰めてもってくる。重さで背中が痛くなるけれど、そんな努力は何の役にも立たない。本棚をいっぱいにするには二、三年はかかるだろう。一方の壁一面を占めていて容量がありすぎる。いずれにしても、いまでは額に入った版画、鉢植え、二つのクッションがあり、居心地のいい空間にはなった。それでも、そこはわたしを問い詰め、はねつける空間のままだ。

ドアを開いてバッグを下ろし、その日の準備を始める。手紙の返事を書き、どの本を学生に読ませたらいいか決める。わたしがここにいるのは給料のためで、心を捧げてはいない。窓越しに空を眺める。少し音楽を聴く。学生の作文を読んで添削し、こうして昔夢中になった本が頭によみがえる。ときには向こう見ずな学生が助言や援助を求めてドアをノックすることがある。野心と自信にあふれた学生がわたしの前に座る。

そこはあくまでも仮の居場所で、わたしは腰を落ち着けることができない。同僚たちはわたしを無視しがちで、わたしも彼らを無視している。気難しくつきあいにくい人間と思われているようだが、知ったことではない。わたしたちはいつでも手が届くほど近くにいることを強制されているが、それでもわたしはどこからも離れていると感じている。

わたしの前にこの仕事場にいた同僚は、ここでときどき眠っていたらしい。いったいどこでどうやって？　床に毛布を敷いて？　その人は詩人で、未亡人の話ではこの建物の静けさを愛していた。人の気配のない夜更けに詩が心に浮かぶと、できあがるまで帰ろうとしなかった。家には妻がインテリアを整えた清潔で趣味のいい書斎があったが、居心地が悪かった。彼はここで詩をつくり、ぼんやりした壁の色や色あせたカーペットはまったく気にしなかった。わびしい雰囲気が彼の創造力にはもってこいだったのだ。白昼夢にふけっているような高齢の紳士で、まばゆいばかりの言葉がこの部屋で混じりあい、整理されてその脳に詰まっていた。彼は二年前に亡くなった。亡くなったのはここではなかったけれど、それでも彼の何かは残っている。だから、ここは暗い場所だと思う。

トラットリアで

家のすぐ近くにあるトラットリアでよく昼ご飯を食べる。小さな店なので、十二時前に行くか、二時過ぎまで待たないと席は見つからない。ほかの一人客といっしょに一人で食べる。知らない人たちだが、顔見知りに会うこともよくある。

父親が料理をして娘がウェートレスをしている。確か、娘が小さいころに母親が亡くなったはずだ。二人のあいだには、血のつながり以上の、不幸によって強められた究極の絆が感じられる。二人はこの地方の人ではない。毎日騒がしい小路で働いていながら、島の人間のままであり、灼熱の太陽、あちこちに羊のいる荒れ果てた丘、強い北西の風が骨の髄まで染みこんでいる。安全な洞窟の前で碇を下ろしたボートに、二人が乗っている姿を思い浮かべる。娘が舳先から海に飛び込み、父親がまだ生きている魚を手にしている姿を思い浮かべる。

正確にいうと、娘はウェートレスをしているのではなく、カウンターの向こうにいる。

「ご注文は?」

メニューは黒板に小さな字でぎっしりと書かれている。わたしは曜日ごとに違った料理を選ぶ。彼女は注文を取り、つねにキッチンにいる父親に料理を告げる。

わたしが椅子に座ると、娘はボトルの水と紙ナプキンを運んできて、カウンターの後ろの定位置にもどる。カウンターにわたしの注文した料理が見えるのを待って、自分で立って取りにいく。

今日は、近くの勤め人やいつもの観光客に交じって、娘連れの若い父親がいる。金髪をお下げにしたその子は十歳ぐらいで、後ろ姿は元気がなく、ちょっとぼんやりした目つきをしている。いつもその二人を見るのは土曜日だが、今週は復活祭の休暇で学校はない。

二人の話はすでによく知っている。娘は父親の家に泊まるのを拒んでいて、いつも母親と二人だけで寝たがっている。以前、三人でいっしょに暮らしていたころ、まさにこの店で彼らをよく見かけたものだ。母親が娘を妊娠していたときの二人の興奮と仲睦まじいおしゃべり、周りの人たちみんなで祝ったことも覚えている。三人家族になってからも昼ご飯を食べにきていた。遊園地で遊んだり、広場であれやこれや買い物をしたりしたあとに、疲れておなかをすかしてやってきた。両親に挟まれて座っている女の子は、わたしと同じ一人娘で、その子と絆で結ばれているような気がしていた。ただ、わたしの父は外食が好きではなかったのだけれど。

去年、母親がこの地区を出ていき、父親だけが残った。そして、彼は気落ちしているというより、腹を立てている。娘が母親ととても強く結ばれていて、自分が育った家の、自分を待っている子供部屋で父親といっしょに暮らすのをいやがっているからだ。

父親が話しかけて説得しようとしているあいだ、娘は携帯電話で遊んでいる。彼が繰り返し話しかけているのを見るのはつらい。この父親と娘のあいだにすでに感じられる断絶、それに結婚生活の破綻も見るに忍びない。噂によれば、母親が出ていったのは彼がほかの女性と関係を持ったからなのだが、その抑えのきかない情熱は、もう過去のものになっている。

「先週、学校はどうだった？」と父親がたずねる。

女の子は肩をすくめて言う。「今日の夜、友だちの家まで送ってくれる？」

「二人で映画に行こうと思ってたんだけど」

「いや。友だちのところへ行きたい」

「そこで何をする？」

「遊ぶの」

「それから？」

「ママのところへ帰る」

父親はあきらめ、今週はもう説得するのをやめる。彼も携帯電話のチェックを始める。娘は料理を少しだけ食べ、父親が残りを片づける。

春に

春はわたしには苦痛だ。やる気が起きず、ストレスを感じる。明るい光で目まいがするし、まばゆい緑を見ると苦しくなるし、花粉だらけの空気で目がかゆくなる。アレルギーを抑えるために毎朝薬を一錠飲まなければいけないのだけれど、その薬には眠気を起こさせる副作用がある。だから、眠くなってぜんぜん集中できず、昼ご飯の時間にはもうベッドに行きたくなってしまう。昼間は汗をかき、晩には寒さで死にそうになる。一年のこの気まぐれな時期にぴったりな靴は存在しない。

わたしの人生の苦い傷はどれも春に関係がある。つらいできごとはどれも。木々の鮮やかな緑、市場の初物の桃、地区の女性たちがはく軽いフレアースカートをわたしが煩わしく感じるのはそのためだ。こうしたものは、喪失、裏切り、落胆の記憶としかつながらない。目を覚まして、前へ押されているのに逆らえないと感じるのはいやだ。でも、今日は土曜日だから、外出する必要がない。目が覚めて起き上がらないでいられるほどうれしいことはない。

広場で

友だち夫婦の娘が、まだ十六歳にしかならないのに、わたしと同じようにこの町で一人暮らしをしている。三年前に父親、義理の母親、ずっと年下の腹違いの弟といっしょにやってきた。父親は画家で、権威のある奨学金を受けて二年間丘の上のアカデミーで学んだ。わたしは家族みんなと彼の展覧会で知りあった。画家と妻はイタリア語の授業を受けにわたしの家に来ていた。娘は来なかった。地域の高校に通っていて、二年後、家族といっしょに生まれた国に帰らず、一人立ちする予定を繰り上げてここに残ることを決めた。同じ境遇の生徒たちのために高校が管理する建物に間借りしている。

おもしろそうな展覧会があるときや、季節の終わりのバーゲンが始まるとき、彼女に声をかける。友だちには目を離さないでいると約束してはあるが、この子はわたしなどまったく必要としていない。

　彼女が自転車で広場を横切るのを見る。わたしより三十歳年下で、娘といってもおかしくない。それなのにもう天真爛漫な美しさをもつ一人前の女性、話しながらほほえむ娘になっている。なんていい気分、と言っているかのようだ。まだ恋人もなく、落ち着きのない娘だったその年頃のわたしとは大違いだ。彼女がうらやましい。真面目一方でぼろぼろだった自分の青春時代を嘆かずにはいられない。

　彼女は家族と過ごした一週間の休暇からもどったばかりだった。また家族から離れられたことでほっとしていた。七日間つづけていっしょにいるのは苦痛だし、父と義母は口げんかばかりしているから別れるべきだと言う。

「愛しあってはいないの？」

「ぜんぜん。パパは絵に夢中すぎて、彼女は世話を焼くんだけど空回りしてて、それがなんかパパの神経に障ってるんだよね」

「ところで、お母さんは？　会ってる？」

「再婚したよ、いやなやつと」

　彼女はザクロのジュースを飲んでいる。血のグラスのように見えるけれど、そのことは言わない。おなかがすいたと言って、クロワッサンも注文する。二つに割ってまた半分に分ける。ちょっと食べて、残りをナプキンの上に並べ直す。

二人で広場に腰かけていると彼女は人目を引くが、気にしていない。両親が話すのに苦労した言葉を流暢に話す。外国人には見えない。いやむしろ、どこにでも溶けこめる人のようだ。

両親は心配していて、娘が考え直して地元の大学に通ってくれることを願っている。わたしは彼らと電話で話すとき、彼女がもうもどらないことは言わないでいる。

彼女の頭には夢と計画が詰まっている。まだ世界が変えられると信じている。反抗する勇気があり、ここで自分の未来を築こうとしている。わたしはこの子を愛おしく感じているし、その根性をうらやましく思うところもある。と同時に、自分自身のことを考えて落胆してしまう。言い寄ってくる男の子たちの話や、笑いが止まらないおもしろいエピソードを聞きながら、不適格という感覚が拭えないでいる。わたしは笑うが、心は晴れない。その年頃のわたしは愛をまだ知らなかった。

何をしていたのだろう？　本を読んで、勉強して、両親の言うことを聞いて従っていた。それでも結局のところ、わたしは両親を満足させることができなかった。自分が好きになれなかったし、ずっと一人でいるだろうということがもうわかっていたのだから。

「きのう、あなたのお父さんと話したら、あちらでは雨がよく降ると言ってたわ」

「わたしはもうあっちの人間じゃない」

「どうして向こうにいるのがいやなの?」

「お義母さんのことが我慢できないから。あの人には自分というものがないし、自分の声もないの。ママも同じだった。だからパパに捨てられたのよ。そんなタイプはもう時代遅れ。わたしはあなたみたいに強くて独立した女になりたいの」

わたしも彼女に同じことを言いたいと思うが、黙っている。食べ残したクロワッサンのかけらを紙ナプキンの上に集め、小さな包みにしてそっとグラスの中に置くのをじっと見守る。それから勘定を頼む。

待合室で

四十五歳を過ぎ、ほとんど医者へ行かなかった長い幸運な時期が終わり、健康が優れないとはどういうことかわかり始める。原因不明の痛みがつづいたり、突然具合が悪くなったと思うとすぐによくなるというような、わけのわからないことが起こる。目の後ろの圧迫感は消えず、肘には激痛が走り、しばらくのあいだ顔の一部がちょっと痺れているような気がしたこともあった。お腹のあちこちに丸くて赤い斑点ができて痒くてたまらず、救急病院へ行ったことも一度ある。結局、軟膏を塗るだけで治ったのだけれど。

何日か前から、喉の皮膚の下が不規則に脈打つような変な感じがしている。家のソファーに座って本を読んでいるときだけに起きる。つまり、リラックスしているとき、ちょうどいい気分でいようとしているときだ。何秒かつづいてから収まる。ある朝、なぜだか気の置けないバールの主人にそのことを話したら、こう言われた。

「検査したほうがいい。そこには心臓と脳をつなぐ血管があるんだから。きっとだよ」するとと、となりに立っていた紳士、朝からビールを飲んでいる定年退職した歴史の教授が口を挟んだ。

「そう、わたしの亡くなった妻にも同じようなことがありましたよ」

そこでわたしは医者に行った。彼は診察をして、ちょっとオンボロの器械で心臓の鼓動を検査してから、心臓病の専門医を紹介した。

「たぶん何でもないと思います、奥さん。でも、あなたはもう若くはないんですから、よく検査したほうがいいでしょう」そして、わたしをあるクリニックへ送った。

待合室は少し暗くて灯りは消えている。わたしはどちらかと言えば暑いのが好きなのだけれど、煖房が強すぎる。すぐにジャケットを脱ぐ。それにスカーフも。待っている患者はほかに一人しかいない。部屋に閉じ込められているもう一人もご婦人だ。わたしより二十歳くらい年上らしい。わたしをじっと見ている。そのまなざしに親しみはなく、冷淡な目をしている。スカーフがネックレスに絡まってしまって脱ぐことができない。ああみっともない。まるでわたしたちのあいだにテレビ画面があって、わたしが番組の登場人物であるかのように、その婦人はわたしを見つづけている。自分が間抜けだと感じながらネックレスの留め金を外し、腰を下ろす。

「このお医者さんはどうですか？　いい先生ですか？」

「さあ」

十五分、いやそれ以上待つ。婦人も待っているが呼ばれない。本も読まず、何もしない。もうテレビ画面を通してわたしを見ることもない。

わたしも残念ながら、バッグに本を入れてくるのを忘れた。雑誌は見ない。健康や心臓病予防に関するいくつかのパンフレットに目を通すだけだ。

この婦人はどんな病気なのだろう？　不安はあるのだろうか？　重苦しい空気を破るためにそのことを聞いてみようかとも考えた。何しろ二人だけなのだから。でも、やめておく。

いまこのとき、喉の鼓動はぜんぜん感じないが、心臓と脳をつなぐ血管がある皮膚の下の、はっきりしない、でも心配な震えがいつかもどってくるのは確かだ。

この婦人には誰もつき添っていない。ヘルパーも友だちも夫もいない。そして、二十年後にわたしが何らかの理由でこのような待合室に来ることになったとき、横には誰もいないだろうということを、彼女が見抜いているのではないかとわたしは気にしている。

本屋で

人生の五年間、ただ一人意味のあるつきあいをしていた元パートナーといやおうなく出くわしてしまう。彼を見かけてあいさつをするとき、この人を愛していたことに驚いてしまう。彼はわたしと同じ地区に残り、一人で暮らしている。美男子だが小柄で、眼鏡のフレームやほっそりとした手からは優秀なインテリのように見えるが、じつは馬鹿げた夢を追う野心家で、子どもっぽい哀れな中年男なのだ。

今日は本屋で見かける。作家になりたいと思っている彼は、よくここに来る。ノートにいつも何か書いていたが、彼の書いたものが日の目を見たことは一度もないと思う。

「これ読んだ？」最近賞を取った本を見せながらわたしにたずねる。

「名前も聞いたことがない」

「ぜひ読むべきだよ」と言いながらわたしを見て、さらに一言。「元気そうだね」

「さあ」

「ぼくはさんざんだよ。夕べはぜんぜん眠れなかった」

「どうしたの？」

「いつものごたごたさ。家の下のバールで若い連中が大騒ぎして。ほかの家を探さなきゃいけないな」

「どこ？」

「この古くさい町からものすごく遠いところ。海辺か、文明から離れた山の中の小さな家でも買うよ」

「そこまでやるの？」

絶対実現しないだろう。怖がりでそんなタイプではない。いっしょに暮らしていたころは、彼の話を聞いてやり、どんなささいなことでもその問題の解決に努めたものだった。背中が痛いとか、人生の意味を見失ったとか言うたびに。でも、いまはその激しい苦悶や泣き言には何の興味もなく、彼を眺めている。

整理したり記憶したりすることがまったくできない人だった。わたしと反対で注意力が散漫なのだ。冷蔵庫に何が入っているかチェックしないまま同じ物を買ってくるので、腐った食べ物を始末しなければいけなかった。何か邪魔が入っては遅刻するので、映画の冒頭を何度見損ねたことか。最初のうちは頭にきたが、そのうち慣れてきて、彼のことが好きだったから、許してしまっていた。

いっしょにヴァカンスに行くと、ウォーキングシューズとか、日焼け止めクリームとか、メモ帳とか、必要な物がかならず何か足りなかった。厚手のセーターや薄手のシャツをカバンに入れ忘れた。よく熱を出した。青白い顔をした彼が汗をかきながら毛布をかぶってホテルのベッドで寝ているあいだに、わたしはたくさんの小さい町を一人で観光したものだ。家ではスープや湯たんぽを準備し、薬屋へ行った。看護師をしていたわけだが、いやではなかった。彼は早くに両親を亡くしていて、世界にはきみだけだ、と言ってくれた。

彼の家で料理をするのが嫌いではなかった。午前中ずっと買い物に費やし、町の端から端までまわって食材を準備した。おいしいチーズや色つやのいいナスを求めて、あちこちの地区を無意味にさまよったことを覚えている。家に着いて食事の準備が整うと、彼はテーブルについてこう言った。ぼくはきみのミネストラとローストチキンなしでは生きていけない。わたしは自分が彼の世界の中心にいると信じていたから、当然結婚を申し込んでくれると思い、待っていた。

そしてある日、四月のことだったが、誰かがわたしの家のインターフォンを押した。彼だと思ったらそうではなく、わたしの婚約者のことをわたしと同じくらい知っている女性だった。わたしが会わない日に彼と会っている女性だった。この女性とわたしはほぼ五年間同じ婚約者を共有していたのだ。彼女はべつの地区に住んでいて、わたしから借りた本を彼がうっかり彼女に貸してしまったことから、わたしの存在を知ったのだった。その本に挟まっていた紙切れは、診察の領収書で、わたしの名前と住所が書いてあった。それで、彼との関係で腑に落ちなかったことすべてが突然とてもはっきりし、彼女は自分が不完全な愛人で、わたしとの三角関係だったことを理解した。

「この領収書を見つけたことや、わたしのところに来ることを彼に言いました?」ショックを鎮めてから、わたしはこうたずねた。その人は前髪を垂らしたやや小柄な女性で、繊細そうな目と血色のいい肌をしていた。話し方はゆっくりで、気持ちのいい声だった。

「何も言っていません。無駄だと思いました。ただあなたと知りあいたかったんです」

「コーヒーはいかが?」

わたしたちは腰をかけて話しはじめた。手帳を取り出してわたしたちの関係が同時に進行する過程をヴァカンス、記念日、ぎっくり腰、インフルエンザなど、微に入り細を穿って照らしあわせた。長く、ひどく苦しい会話だった。情報と日付の事細かな交換によって秘密の糸がほどけ、知らないうちに関与していた悪夢のような状況が明らかになった。わたしたち二人は生き残った仲間のような感じがした。彼女の言葉で暴露されたすべてでわたしは傷ついたが、わたしの人生が粉々に砕かれていきながら、肩の荷が下りていくように感じてもいた。日が沈み、わたしたちは空腹になった。そしてもう何も話すことがなくなったとき、軽い食事をとるためにいっしょに家を出た。

自分のなかで

孤独でいることがわたしの仕事になった。それは一つの規律であり、わたしは苦しみながらも完璧に実行しようとし、慣れているはずなのに落胆させられる。母の影響なのだろう。彼女はいつも孤独を恐れていた。いまでは老年の暮らしに疲れ果て、わたしが電話して具合をたずねても、答えは「一人ぼっちよ」の一言だけだ。彼女には心をときめかして楽しむ機会がない。とはいっても、実際には仲のいい友だちはたくさんいて、わたしよりよほど多面的で活発な社会生活を送っているのだけれど。最後に彼女を訪ねていったときなど、電話がひっきりなしにかかってきていた。それでも、何かはわからないが、母はいつも待っているように見える。時間の流れが彼女の重荷になっている。

わたしが小さくて、父も生きていたころ、母はわたしをいつもしっかり抱いていて、ほんのわずかなあいだでも離れたがらなかった。わたしの世話をし、一人にしないように守ってくれた。まるで孤独が悪夢やスズメバチででもあるかのように。わたしが自立した生活を築くために家を離れるまで、わたしたちは変質したアマルガムのようなものだった。わたしは彼女とあの不安、あの埋めることのできない空白とのあいだの盾だったのだろうか？　わたしがこんな生活をするようになったのは、彼女の不安を恐れているからなのだろうか？

いま、わたしたちは二人とも一人暮らしをしていて、母が心の底ではあのアマルガムをつくり直して孤独を追い払いたいと思っていること、そして彼女にとってはそれが二人のために正しい答えなのだろうとわかっている。だが、わたしが頑固に母と同じ町に住むことを拒否しているので、彼女は苦しんでいる。家ではずっと無言だし、外出のとき灯りやラジオを消し忘れることもあるけれど、自分の時間と空間を自由にできる一人の暮らしがわたしにはありがたいのだと母に言ったとしたら、信じられないという目でわたしを見て、孤独は欠乏以外の何物でもないと言うだろう。議論しても無駄だ。わたしが得られる小さな満足など、彼女は理解できない。わたしに愛着を感じてはいるが、わたしの考え方には関心がない。その隔たりがわたしに本当の孤独を教えてくれる。

美術館で

鉄道の駅というつねに混雑している場所に隣接しているにもかかわらず、わたしのお気に入りのこの美術館はほとんどいつも閑散としている。午後遅く仕事が終わってから、わたしはかなり頻繁にここへ来る。顔見知りの監視員たちは一日じゅう折りたたみ椅子に座り、モザイクや帯状装飾やフレスコ画や装飾床の前で仲間同士でおしゃべりしている。

それは古代の家専門の美術館だ。発掘され、剥がされ、移され、置き直された品が人びとの前に展示されている。寝室がいくつか復元されていて、壁が赤、濃い黄色、黒、空色に塗られている。その寝室では、何世紀も前の人間たちが眠り、夢を見、退屈し、愛を交わしていた。

いちばんきれいな部屋――ある皇帝の妃のものだった――の壁は、あふれるほどの木々、花々、柑橘類、動物が描かれた庭園になっている。割れたザクロや木の枝に止まる鳥たちも見える。色あせたまま動かない場面だ。細い枝をつけた木々は空間を覆い、万物を震わせ、皮肉にもすべてを生き生きとさせる微風のために、いまにも折れそうに見える。

この部屋の中央には、黒い革張りの柔らかい長椅子が二脚ある。わたしは座って太陽を眺める。ガラス天井を通して光が差し込み、木々や草むらの濃淡を変える。変化する光がこの庭園を絶えず明るくしたり暗くしたりしている。地上の風景だが、青く染まった水の中を泳いでいるときの海が心に浮かぶ。

今日わたしがこの部屋に来て何分かあと、同い年ぐらいの上品なご婦人が入ってくる。たぶん外国人だ。想像するところ、この町にいるのはまったくの偶然で、仕事で一日じゅう忙しい夫についてきたのだろう。あきらめたような、ちょっといらいらした表情をしている。一人で観光することになってしまったのだろう。

彼女はこの部屋のことは何も知らず、驚きもしない。このすばらしい空間で、今日はいっぱい歩いたとか、ああ疲れたとか思っているのだろう。ほかの国で彼女を待っている家のことを考えているのかもしれない。その月並みな家がもう恋しくなっている。たくさんの教会や噴水を見てきて、もう何を見ても感動しなくなっている。ホテルは小さくて、部屋は暑すぎるか寒すぎるかのどちらかだろう。時差のせいでよく眠れないに違いない。

彼女は快適な長椅子に腰を下ろす。もう外へ出て、道を探すためにまた市街図を開こうという気持ちにはならない。四面の壁を細かく観察してから視線をそらし、目を伏せて下を見る。腫れた足と靴を見て、ここ数日この大きな町を疲労困憊して一人歩きまわった道のりのことを考える。この部屋で彼女は美しさに感動してはいない。体力を回復するための絶好の機会として利用しているだけだ。

目を閉じ、わたしの存在にはかまわず長椅子に横になる。仰向けになって目を閉じている。こうして彼女はこの部屋を味わい、わたしがいつも守ってきた垣根を飛び越して完全に自分のものにしている。

精神分析医のところで

約一年間、精神分析医のところに通っていた。その医師はわたしの知らない少し離れた地区に住んでいた。ピンクの古い建物だった。中庭には石棺が一つとたくさんの植物、それにアンフォラがいくつかあった。エレベーターの箱は木とガラスでできていて、扉は狭く窮屈な空間だった。アパートもこぢんまりしていて、いつも薄暗く、ブラインドは半開きだった。プラム色の患者用ソファーが入口のすぐ横にあった。部屋は数メートル四方しかなく、豪華なクローゼットのようだったが、天井はとても高く、壁一面を本が覆っていた。たぶんその中庭に入り、そのエレベーターで上ってその部屋に着くのが気に入ったという単純な理由から、わたしはこの分析医を選んだのだろう。

わたしはソファーに横になり、先生はわたしの後ろの肘掛け椅子に座っていた。わたしを見ていたのかどうかはわからない。黒い目をした美しい女性で、歯と歯のあいだに隙間があった。ドアの向こうからは彼女が家族と共有する生活が始まっていた。食べ物でいっぱいのパントリー、洗う前の汚れた皿、どこかに干してある洗濯物。わたしが知っていたのは患者の治療に使われる部屋だけで、そこが精神的な苦痛をその都度受け入れてきた病院なのだった。

先生はわたしにいつも同じことを言った。どうぞ、始めてください、と。まるで毎回が最初で唯一の治療であるかのようだった。どの治療も話の進展しない小説の始まりのように思えた。

何を話したのだろう？　夢、悪夢、ばかげた話。母の激昂について話したこともあった。それはわたしの人格を決定づけた言い争いで、おそろしい時間だったが、彼女はまったく覚えていなかった。母がわたしに下した宣告を列挙した。それがどれほどわたしを傷つけたか。煩わしかったけれど、いまではほとんど重きをなさない母。うっとうしかったけれど、年老いて体を動かすのも大変な母。わたしが十五歳のころに早世した父。

「このごろいやな夢ばかり見ます」ある日わたしは先生に言った。

「たとえば？」

「わたしの血がいっぱい詰まった四角くて巨大なガラスの入れ物」

「どうしてあなたの血だとわかったんですか？」

「覚えていません。でもわたしのでした」

「ほかには？」

「何日か前、わたしのベッドの夢を見ました。黒い虫がいっぱいいて、シーツの上をうごめいていました」

「虫に囲まれて寝ていたんですか？」

「ええ、でも気がついてぞっとして飛び起きました。でも、よく見るとかわいくて、ほとんど人間のような愛想のいい目をしていて、それで安心しました」

「ということは、あのガラスの入れ物に入った血というのがいちばんショッキングな夢だったわけですか？」

「そう思います」

治療のたびに何かポジティブな話をしなければいけなかった。けれども残念ながら、わたしの少女時代にはその材料になるような話があまりなかった。だから、日光浴をしたり朝食をとったりする家のバルコニーのことを話した。それから、屋外で温まったペンを手にとって、二、三行でもいいから書くことの喜びについて話した。

バルコニーで

わたしも友だちに精神分析をしてあげている。わたしと同じ四十代の女性で、いつも急ぎ足で息を切らして生活している。彼女は夫、子ども、定職、田舎の別荘と、わたしにないものすべてをもっている。つまり、両親がわたしのために願った生活を実現させているということだ。友だちはまじめに働いていて、重要な仕事で世界じゅうを飛びまわっている。少なくとも月に一度は家族を残して空港へ行く。いつでも旅行カバンの準備はできていて、飛行機が怖いので鎮静剤の箱が入れてある。罪の意識に苛まれているが、仕事は辞めず、まったく立ち止まることがない。

彼女はわたしのところにときどき来る。質素なわたしの家は彼女にとっては隠れ家なのだと思う。紅茶を入れてあげる。息がつけるのはここだけだ、と彼女は言う。やかましい音は聞こえないし、物があちこちに散らばっているのも見なくてすむ。山のような本と海で拾ったいくつかの小石を置いたクリスタル・ガラスのテーブルをほめてくれる。

自分の家ではぜんぜんリラックスできないと言う。いつも何かすることがあって、のんびりソファーでくつろぐ時間などまったくない。テーブルはいつも散らかっていて、見るたびにいやになってしまう。寝ているときを除いたら、あの家が楽しいと思えない。家のためにいやというほどお金を使ったのだけれど。わたしには部屋の片隅だけあればいいの、わかる？ あなたの家のようなこぢんまりとした家が懐かしい。

結婚する前は彼女もそんな家に住んでいた。小さな居間、中庭に面した寝室、カーペットをなめる朝の光のことを話してくれる。道の騒がしさや効きの悪い煖房など、どうでもいいことだった。あるとき、飛行機は怖いけれど、機内の自分だけの空間、ベッドに変わるシート、背中のランプなど、何でもすぐ手の届くところにあるのは好きだと打ち明けてくれた。

今日は落ち着かない様子で、タバコを一本吸う。わたしたちはバルコニーに座る。そこにはスチールの椅子二つ分のスペースがある。長い外国旅行から最近もどったら、下の娘の名前が書いてあるノートを見つけたのだと言う。そこには、母親が不在で、見捨てられたと感じている女の子の話が書いてある。始まりはこうだ。「むかしむかし、あるところに一人の女の子がいました。女の子はママがめったにおやすみを言ってくれないのがさみしくて、寝るまえはいつも泣いていました」

ノートを見せてくれる。話は鉛筆で書かれていて、ていねいな挿絵が描いてある。母親はわたしの友だちと同じ黒い短髪で、首にストールを巻き、口紅をつけ、そばに旅行カバンが置いてある。後ろには母親を連れ去ろうとタクシーが待っている。

「しまっておいてくれる？」とわたしに聞く。

「どうして？」

「だってわざわざわたしのために書いたんだから、これはわたしのもので、わたしがもっているべきだと思う。なくしたくないの。でも、家は信用できない。あそこでは何も見つからなくて。わたし自身でさえ見つけられないいんだから。それに……」

「それに？」

「夫に見られたくないの」

わたしはノートを脇に置き、「わたしが預かるわ」と言う。

「しばらくいるの？」とたずねる。

「来週また出発よ。いちばん忙しい時期なの、夏には落ち着くと思う」

それから、今度は夫の家族の話になる。八月は夫の両親の大事な記念日をお祝いするために、ヴァカンスを彼らといっしょに過ごす苦痛に耐えなければいけないのだそうだ。「行きたくない。あの人たちと三日もいっしょにいると頭がおかしくなってくる」

わたしはこうたずねそうになる。ご主人や子どもといっしょでも、家にいてもそうなんじゃないの？　いつも旅行中で月に二回も逃げ出しているのはそのためなんじゃないの？

でも何も言わない。友だちが好きだから、そのまま愚痴をぶちまけさせておく。太陽が照りつけ、シャツの下の皮膚が焼けつくようだ。

プールで

週に二回、いつも夕方、食事抜きでプールへ行く。穏やかで流れもないその透明な水の容器の中で見かけるのは、いつも同じ人たちで、わたしはその人たちと何かがつながっているように感じる。一度も約束したことはないのに、わたしたちは顔を合わせる。その人たちも生活の煩わしさから逃れるため、その時間、週のその日を選んでいる。

足が不自由で杖をついて歩く老婦人がいる。円形劇場によく似た空間で、その人は更衣室からプールの縁まで下りるのに苦労している。階段からプールに入り、いつも顔を水から出して泳ぐ。その人のとなりには坊主頭の若者がいて、飛び込むや止まらずに一時間以上プールを往復している。クイックターンは力強く、顔を出さずにプールの真ん中まで行ってしまう。プールはとても大きくていくつものレーンがある。わたしたちはほとんどいつも八人全員がそろっている。交わりあうことなく、その水を分かちあう八つのべつべつの人生。

わたしは疲れるまで四十分かせいぜい五十分ぐらい泳ぐ。そんなに上手ではなく、水中で向きを変えることができない。ターンのしかたを習ったことがない。たぶん、水中で仰向けになると思うだけで不安になるのだと思う。それでも、いつものとおり、弱々しいけれど形はまずまずの自由形で泳いでいる。

水の中のわたしは普段の生活とまったくかけ離れたところにいる。思考は溶けあい、妨げられることなく流れていく。水で守られていて何も触れるものがないから、あらゆるもの――体、心、世界――が受け入れられるように思える。わたしが没頭するのは努力すること、それだけだ。光の効果によってプールの底にゆらゆらと映し出される光と影が、体の下で煙のように流れているのをじっと見る。元気を回復させてくれる成分がわたしを包み込む。母はそれに包まれることを怖がっていたけれど。

わたしが小さいころ、プールへ連れていってくれたのは母だった。わたしが浮き方や呼吸法やキックのやり方を習っているあいだ、彼女はいつも少し不安そうに、高いところに座って待っていた。母と違って、水はわたしを溺れさせずに覆ってくれる。耳や鼻に数滴の水が入ることはあるかもしれないが、体はもちこたえる。水泳はわたしの心の中をきれいにしてくれる。

ただ、更衣室でほかの女性たちがおしゃべりをしているとき、とてもつらい話がよく耳に入ってくる。シャワーを浴びたり、水着を脱いだり、体をひねったおかしな格好で脚や脇の下や鼠径部の毛を剃ったりしながら、女性たちはその恐ろしい話を共有している。

ある日、一人の婦人が何気なく「しばらく見なかったわね」と言ったのに答えて、若い母親が一歳半の息子の癌のことを話した。もう二回手術をしたこと、最高の病院へたどり着くために何度も旅をしたこと、苦しい治療のこと、不安の残る回復のことを。

数日後に話題の中心になったのは、彼女たちのうちの二人が知っている婦人の成人した息子だった。家族とヴァカンス中に事故に遭い、それはありふれた転倒事故だったのだけれど、いまは全身麻痺で、もう歩けるようにはならないのだという。

「ひどい話ね」とべつの女性は言い、ドライヤーをオンにして身繕いを始めた。

今日は、週に四回泳ぎに来ている八十代の婦人の語る思い出話に、わたしたちは衝撃を受ける。その人は若いころに大波にさらわれたことがあり、海を怖がっている。

「溺れるところだったのよ」と、いまだに信じられない様子で言う。「砂の上に打ち上げられたとき、鼻や口や耳からは水が出てくるし、腕は一面すりむけて」

いっしょに泳いでいた伯母はびっくりして彼女の手をつかんだが、その人間の錨は彼女の傷を大きくしただけだった。一人で溺れたほうがましだったろう。

その人の若い姿を想像しようとしたが、容易ではない。体の線は崩れ、猫背で、ほくろだらけだ。服装はきちんとしていて、髪をとかし、指には結婚指輪だけでなく、いくつか指輪をしている。

この湿気が多く錆びだらけの部屋で、女のわたしたちは裸でずぶ濡れになって顔を合わせ、乳房や腹の傷跡、腿のあざ、背中のほくろを見せあいながら、不運なできごとについて話す。夫や子どもたちや年老いた両親の不平を言う。罪悪感もなく、秘密の胸の内を吐露する。

別離や災難の話を聞いているうち、プールの水がそれほど澄み切ってはいないことをひしひしと感じる。痛みや苦悩を知ることで汚れてしまっている。一度そのことに思い至ると、言いようもない不安に駆られる。その苦しみはすべて、ときたま耳に入り込む水のように滑り出てはくれず、心の中に巣くい、体のすみずみにまで楔のように打ち込まれる。

その婦人はバッグを閉じ、わたしに丁重にさようならを言う。ところが部屋を出るまえ、シャワーを浴びて体を拭いているわたしに声をかける。

「あなたに似合いそうな服がクローゼットにたくさんあるのよ。とてもすてきな服なんだけど、わたしにはもう着られないの。今度もってきましょうか?」そして皮肉でなくこう言い添える。

「もう何十年もわたしは生きていないのと同じだから」

道で

交差点で信号待ちをしている人混みの中に彼らを見つける。すぐ近くに住んでいる友だちで、一人は橋の上でときどき行き会う優しい男だ。急いで追いついてあいさつしようとするけれど、二人が言い争いをしているのに気がつく。道は広くて至るところ混雑している。喧騒で何も聞こえないのに、二人とも自分の言い分を伝えることはできている。同時にしゃべるので言葉が重なってしまい、何のことで揉めているのかわからない。そのとき、女友だちの声が響く。「触らないで、気持ち悪い」

二人のあとをついていくことにする。急ぎの用ではないので、行くつもりだった店には入らない。大通りをみんないっしょに渡る。彼は美男で痩せていて、彼女の長い髪は少し乱れている。深紅のチェスターコートを着ている。

彼らは人目をまったく気にせず、まるで人気のない海岸か閉めきった家の中にでもいるかのように、公衆の面前で恥ずかし気もなくどなりあう。彼らの爆発するような激しい口論はぞっとするほどだ。この大騒ぎの最中、この町には彼ら二人しか存在しない。

彼女は激高していて、彼は初めのうちは彼女をなだめようとしている。そのうちに彼のほうも彼女と同じようにいらいらを募らせ、ついにキレてしまう。これほどまでに内輪の言い争いを万人の前でするなんて、破廉恥といってもいい。激しい非難の言葉は、何か肉体をもつもののように空気を突き刺し、青空に浸透して黒く染める。それから、彼が少し意地の悪い顔をしていることにわたしはショックを受ける。

つぎの交差点で妻が言う。「見て、あの二人」

夫に向かって高齢のカップルを指さす。その二人は手をつなぎ、ゆっくりした足取りで静かに歩いている。

「わたしたちもああいうふうになりたいと思ってたのよ。わかった？」

二人ともまるで子どものようにふるまっているけれど、彼らもけっして若くはない。大通りを渡って、あまり交通量の多くない通りに入る。わたしは二人の少し後ろをそのままついていく。こうしてあとを追っていくうちに、喧嘩の原因が少しずつわかってくる。

彼らは学年末のコンサートを聴きに娘の学校へ行き、そのあとでコーヒーを飲んだ。コーヒーを飲んでから、彼女は家へタクシーで帰りたがったが、彼のほうは歩きたがった。そこで、彼女にタクシーを呼んで自分は一人で歩いて帰ると言った。彼女が冷静さを失うほどひどく傷ついたのは、この申し出が原因だった。

つきあいはじめたころ、彼が彼女を心の底から愛していたときには、こんなことは絶対に起きなかったといま彼女は言っている。

「もうおしまいよ」と言う。

彼の返事は素っ気ない。「きみはどうかしてる。言ってることがむちゃくちゃだ」

「あなたはもう自分のことしか考えてない。もうどうしようもない」

こう言い放って彼女は泣き出す。それでも彼は一歩前を歩きつづける。つぎの交差点で彼が立ち止まり、彼女は追いつく。

「それで、どうして家まで歩くのがいやなんだ？　こんないい天気なのに」

「新しい靴がきついの」

「それならそう言えばいいだろ」

「あなたこそ聞いてくれてもいいじゃない」

十分すぎるほど彼らの話を聞いて、わたしは立ち去る。

ネイル・サロンで

だいたいボディ・ケアには抵抗がある。自分がアイ・マスクをしたり、体じゅうに泥を塗られたりして個室で横になっている姿は見たくない。髪の毛は長いけれど白髪はまだあまり目立たないから、季節ごとに一度、午後に美容院へ行ってばっさり切ってもらうだけで十分だ。家で一人テレビの低俗な連続ドラマを見ながら、脱毛クリームで手入れするほうがいい。ただ一つの息抜きといえば、月に二回、いつも日曜日に行くネイル・サロンで、そこでは小一時間まったく何もしないでいることを強いられる。電話もSNSもだめ、新聞をめくることも、ばからしい雑誌を読むこともだめ。

一人の女性の前に座る。同じ人だったことはほとんどない。わたしたちお客と同様、ネイリストも細長い机の向こうに一列に並んでいる。机と同じ長さの鏡があり、この光景、この精密な作業を二重に見せている。わたしたちお客はリラックスしているが、彼女たちにとってはどれほど退屈な作業なのだろうと思う。みんな同じ国の出身で、熱心にわたしたちの世話をしながら、ずっと自分たちの言葉でおしゃべりをしている——何について話しているか知りたいといつも思っている。

最近、とてもきれいな若い女性がネイリストに加わった。ほかの人たちはくたびれていて、大部分は太りすぎで顔は丸く、唇がゆがんでいる。ところが、この女性はうっとりするほど垢抜けていて、黒い髪をまん中で分けて束ね、頬骨が高い。全員が掛けている木綿のエプロンが、彼女のためにわざわざ縫ったエレガントな洋服のように見える。自分がほかの女性たちと同じで、少しだらしないと感じる。ときどき彼女に視線を送るが、彼女はあまりにも美しく、優雅な顔立ちをしている。彼女を見たあとで鏡に映るわたしの顔を見ると、いつもがっかりさせられてきた顔だということを、何度でも自覚させられる。見るたびにつらくなるから、なるべく鏡は見ないようにしている。

今日は予約なしで入る。急いでマニキュアだけ落としてもらおうと思っている。一週間前、気分が滅入っていたので黒っぽい妖婦風のマニキュアを選んだのだけれど、二日後にはもう剝がれはじめていた。

「いらっしゃいませ、奥さま。マニキュアをお望みですか?」サロンの女主人がたずねる。

「今日は急いでいて、マニキュアを落とすのはおいくらですか？」

「無料です。いつもおいでいただいていますから。係の子にチップをやっていただくだけで結構です」

そして、わたしはあの美人の前にいる。まじめで、にこりともせずにわたしを迎えるとすぐ、まるで自分の爪であるかのように、わたしの爪のチェックに取りかかっている。

ほかの人たちのように手早くはない。わたしが手を差し出すと、彼女は手にとり、そのままばらくのあいだわたしたちはつながっている。彼女はほほえみを浮かべ、自分の務めを楽しんでいる。そのあいだずっと、仕事に集中しながらも、頭を一度も上げずにとなりにいるネイリストの一人と話している。マニキュアは完全に落ちたけれど、わたしはまだ終わってほしくない。

「すみません、気が変わりました。やっぱりマニキュアを塗ってもらえますか？」

「ええ、もちろんです」

爪の手入れをつづけ、甘皮をていねいに取り除いていく。自分の死んだかけらが積み重なって小さな山になっているのが見える。それから、満足そうに白い濃厚なクリームを塗り、温かい蒸しタオルで手を包む。彼女がわたしの体の小さな一部分をきれいに仕上げることに打ち込んでいるあいだ、わたしは鏡を見ない。この瞬間、このわたしたちの触れあいを台無しにしたくない。ただ彼女の気配りを心から味わいたいだけだ。だから、彼女だけを見ていようとする。結ばれてはいても離れているということはわかっているのだけれど。約二十分間、この女性はわたしと鏡のあいだにいて、悩みの種であるわたしの姿からわたしを守ってくれる。そのおかげで、少なくとも今回はわたしも美しいと感じる。

彼女の声は低く、その言葉は耳障りではない。仕事の手を止めてわたしの指輪に見とれる。

「ご主人？」

「結婚していないの」

彼女は笑い、それ以上何も言わない。白くきれいな歯をしている。どうして笑うのだろう？かすかに悪意の感じられる笑いにわたしは戸惑う。最後にほとんど透明なピンクのマニキュアを塗ってくれる。きれいにできているが、彼女の清潔な爪のほうがわたしは好きだ。

ホテルで

学会があって三晩外泊しなければいけない。詰めかけた同僚たちでホテルは込みあっている。わたしはこの年に一度の義務にうんざりしている。同じ学会、同じ人たち。一つだけ変わるのは開催する町で、その結果ホテルも変わる。

今年はホテルに入ったとたんに帰りたくなる。入口と巨大なホールに飲み込まれるような気がする。とても高い天井の下で自分をちっぽけに感じる。不格好で騒々しくてだだっ広いホテルだ。人間用パーキングのような構造をしていて、曲がりくねったバルコニーが上に向かって延びている。奈落の底のようなロビーには、何かを飲んだり、高価な靴やスカーフやバッグを買ったりする店があり、その周辺が会場になっている。

あちこちにいろいろなグループがいる。とくに多いのがねずみ色の服を着た男たちのグループで、群れをなして大きすぎる声でひっきりなしに笑っている。彼らの笑い声は反響して奈落の底を満たし、大音響が止むことはない。

幸いなことに、わたしの部屋は奈落に面していない。従業員の説明によると、部屋へ行くにはかなりの距離を歩き、それから果てしなくつづく廊下を通り抜けてエレベーターに乗らなければいけない。たどり着くだけで五分はかかる。

部屋は備品であふれている。グラス、水のボトル、ポット、カップ、ティーバッグ、見てくれの悪い革製ファイル、雑誌類、ホテルと町の情報を載せたさまざまなパンフレットなど。空いているスペースはない。何も置くことができず、このめちゃくちゃな状態ではどれが自分の持ち物なのか見分けがつかない。うれしいことに、クローゼットはアイロンと白いバスローブ以外、空っぽだ。スーツケースを開けて服を掛ける。

この地獄のような三日三晩が過ぎるのをひたすら待つ。昼間はどこかの部屋に籠もって講演や発表を聞くことになる。プログラムに従っていればいい。ところが、夜はこの部屋では眠れないことがもうわかっているのに、逃げる手段がない。このひどい部屋のせいで、世界を憎むことになりそうだ。できることなら何もかも、わたし自身も投げ出してしまいたい。けれどもここは十二階で、窓が開かない。

この三日間のただ一つの慰めは、すぐとなりに宿泊している男性だ。その人は学者で、思慮深そうで、何か考えごとをしているような、ここの雰囲気とかけ離れた佇まいをしている。体つきはほっそりしていて、白い髪は豊かで縮れている。良識のある人のようだが、いつも居心地が悪そうに見える。たぶん、物事について考えすぎる人なのだろう。優しく大きな目には何か苦しみが刻まれている。

わたしを見ると、大きい声であいさつするのではなく、ほほえんでくれる。いっしょに朝の務めに向かうためにエレベーターを待っているとき、つねに礼儀はわきまえながら、感情を込めてわたしをじっと見る。だが、その思慮深いまなざしはわたしにこう言っている。あなたがここで気分がよくないのはわかっていますよ。わたしを元気づけようとしているのではなく、ただ、彼がわたしを理解していることをわからせようとしているのだ。

彼の態度に興味をそそられ、名前を知るために学会のプログラムに目を通す。多くの本を執筆した有名な哲学者で、だいぶ前に圧政的な政府の迫害を受け、亡命してきたのだった。彼の講演を聞きにいきたいが、あいにくパネル・ディスカッションに参加しなくてはいけない。慎み深い哲学者のようだが、内気そうな外観の下に、じつは活発で、機知に富んだとさえいえる人物が隠れているように思える。

わたしをどう見ているのだろう？　このような学会にうんざりしているちょっと神経質な中年の女だろうか？

夜になると、わたしと彼はいっしょに上の階へ行く。彼は自分の部屋のドアを開ける前に、いつもていねいで心のこもったおやすみのあいさつをしてくれる。視線と頭の動きだけで。仕事で疲れた一日を終え、わたしと同じように着替えたり、リラックスしたり、歯を磨いたりしているときの彼の足音が聞こえる。同じようにひどい部屋で、同じようなベッドで虚脱状態になっている彼のことを思う。この時間になってようやく、彼のもう一つの姿が明らかになる。電話で長い時間、激しい早口の外国語で話している。奥さんだろうか？　友だち？　編集者？　彼がいることでわたしは慰められるけれど、性的な魅力を感じてどきっとしたりはしない。不満げな哀愁を帯びたまなざし、いまから六、七時間閉じられようとしている、熱くも冷ややかな目のことを思う。

つぎの日、わたしたちはドアを開け、いっしょに部屋を出て、いっしょに下まで行って別れる。申しあわせたわけでもないのに、毎朝毎晩互いに相手を待っている。そして三日間、この暗黙の結びつきのおかげで、わたしは何とか世界を憎まずにすんでいる。

チケット売場で

雨の午後、商店の並ぶ長い道を歩く。家族連れ、夫婦、若いカップル、観光客など、いろいろなショーウィンドーの前でしばし足を止めようとする人たちのグループをいくつも追い越していく。エレガントな女性たちの一団は気心の知れた友人たちだとわかる。雨でも楽しんでいて、つねにダイエット中なのにケーキには目をつぶり、バーゲンをいいことに買い物に励んでいる。昔ここはあか抜けた通りだったが、いまでは世界じゅうどこの空港でも見られるような冴えない店ばかりが並んでいる。

この午後にはっきりした目的をもって歩いているのはわたし一人だけだという気がする。大きな傘を差して歩きつづける。風はない。

通りの突き当たりにりっぱな劇場がある。一八〇〇年代の建物で、この傷だらけの町の数少ない宝物の一つだ。チケット売場には誰も並んでいない。刷り上がったばかりのつぎのシーズンのプログラムを求め、すべすべした細長い紙のパンフレットを受け取る。家にもどってパンフレットを落ち着いて眺めるのはやめて、そこに残る。窓口の前に立ったまま秋と冬の出し物を調べる。若い従業員はパンフレットを最後までゆっくり見させてくれる。

興味を引いたオペラ、交響曲、バレエにペンで印をつける。知っている出演者や演奏家も何人かいる。劇場の見取り図で桟敷席や正面特別席の配置を調べる。いつも決まった席ではなく、毎回違う場所で、さまざまな角度からコンサートを楽しみたいと思っている。いろいろな選択肢を考え、夕食前と夕食後のいくつかのプログラムに興味を引かれる。こうすれば毎回少しずつ違うものになるだろう。一度買ったチケットはもう交換できないことがわかっている。チケットを買うのは一つの賭けであり、図々しい一か八かの行為でもあると思う。心配になると同時に、自分が大胆だとも感じる。

こうして手帳が埋まっていく。毎年年末に同じ文房具店で買う同じ大きさと厚さのものだ。いろいろな色のある手帳だが、長年使っていると、青、赤、黒、茶、赤、青、黒といった具合にくり返しになってくる。ほとんど代わり映えのしないわたしの人生の全集といったところだ。

予約したい演目のリストをつくる。

「どれも一席だけでよろしいですか?」と従業員が聞く。

「どれも一席で」

来年の五月十六日の二十時三十分にはどんな気分でいるだろう？　そんなことを知るのは不可能だ。チケットを手にきれいな服を着てここにもどり、座り心地のいい椅子に腰掛けることを期待しながら予約をつづける。

わたしが劇場というものを知るようになったのは、郵便局員として窓口の向こう側で働いていた父のおかげだった。父は愛好家だったが、母は絶対に劇場へ行かなかった。

昔、国境のすぐ向こう側にある町の公演のチケットを父が予約したことがあった。わたしの誕生日を早めに祝うためにどうしても連れていきたかったのだ。

「先にお祝いなんかするもんじゃない。縁起が悪い」と母は言っていた。だが、わたしの誕生日――十五歳になるところだった――には、その公演はもう終わってしまう。というわけで、わたしたちは電車を予約し、カバンに荷物を詰め、身分証明書を用意しておいた。

出発の前夜、父は体調を崩して高熱を出した。インフルエンザのようだったが、頭を上げることもできなかった。そして何日か入院した。悪い細菌が血液に入りこんでしまい、わたしは彼と劇場へは行かず、遺体安置所にいることになった。電車での長旅、ホテル、公演の代わりに、葬儀の一部始終があった。葬式で、少し酒に酔った伯母が言った。「予想外のできごとから逃げる道はないんだからね。その日その日を生きるしかないさ」

現金で支払いをすると、従業員がおつりをくれる。コインが一枚、地面にではなく傘の中に落ちたようだ。でも、傘は長いし濡れているので、腕を突っ込んで骨のあいだを探す気にはなれない。

わたしの後ろには老人のグループがいる。劇場見学を希望する人たちで、十五分後に始まるガイド・ツアーがある。くだらないツアーだと前から思っていたが、外は土砂降りなので、わたしもそのチケットを買う。料金はとても安い。グループについていき、父の思い出につながるその場所の歴史を初めて知る。ガイドが劇場の形、緞帳の様式、天井の美しいフレスコ画の後ろに空間があることなどを説明してくれる。二世紀前に劇場をつくらせた王の名前や、大部分が焼失した火事がいつ起きたかを教えてくれる。

いっしょにいる人たちはまるで大聖堂を見るように劇場を眺め、いろいろ質問をする。設計図のオリジナルはどこにありますか？　火事のあと、違う形で再建されたのですか？　雨のせいで見学者は大勢いる。舞台は広く、散らかっている。二、三人の作業員が何かをこしらえていて、しきりに金槌で釘を打っている。

しばらくして、ロイヤルボックスに集合する。ツアーのハイライトだ。この観光客の一団に飲み込まれ、わたしは気分が悪くなる。たちまち憂鬱になり、なんでこんなことをしていなければいけないのかと思う。ロイヤルボックスでポーズを取っている人たちがいる。昔は限られた人しか入れない特別な場所だったが、いまではお金さえ払えば数分間、誰でも迎え入れてくれる。一人の男性はまるで女王のように自分の妻の写真を撮っている。わたしは移動しようとするが、すし詰め状態で動けない。わたしは現場を押さえられ、一人余計な共犯者として写真に収まってしまう。

日だまりで

今日は町の中心部でデモがあり、朝早くからヘリコプターが轟音を響かせている。とはいえ、わたしを起こすのは太陽だ。わたしは太陽に机の前に呼ばれ、ガウンのままで書きはじめる。それから広場に呼ばれ、あたりの心地よい雑踏がわたしを迎えてくれる。

今年一番の暑さになったまぶしい土曜日で、ブーツ姿の人はほとんどなく、前を開けたジャンパーや、拷問のような新しいバレエシューズを脱ぎ捨ててゴムサンダルに履き替えた女の子たちの水ぶくれのできた踵が見える。土曜日にもかかわらず、目の覚めるような色調のジャケット、色鮮やかなスカーフ、胸元を大きくはだけた洋服といったエレガントな装いをあちこちで見かける。この眺めは自然発生的なお祭りに似ていて、広場は浮き浮きと幸せな気分に満ちた浜辺に姿を変えている。どの店も人であふれていて、現金自動支払機や肉屋やパン屋には長い列ができているのに、誰も文句を言わないどころか楽しそうだ。持ち帰りのパニーノの順番を待っているとき、一人の婦人が満足そうに言うのが聞こえる。「今日は最高」すると、その後ろの男性が応じる。「この地区はいつだって最高さ」

パニーノがわたしの番になる。

「どんなにうまいか見てな」

ずっと前からわたしを知っていて、少なくとも週に三回は同じパニーノをつくってくれる店員が、カウンター越しに声をかけてくる。

「今日は特別腕によりをかけてつくってやるよ」

カウンターの上のバケツに手を突っこみ、薄切りにした二枚のチーズの重さを量り、それをパンに挟んで紙に包んでくれる。

支払いはほんのわずかだ。座るところを探して、遊園地に腰掛ける場所を見つける。夜になると麻薬が売られたりするが、この時間は子どもやその親や犬であふれかえっていて、わたしのように一人の人もちらほらと見える。ところが、今日はぜんぜん一人ぼっちという気がしない。騒々しいおしゃべりが聞こえてきて、わたしたちが気持ちを伝えあったり、意見を言いあったり、自分のことを語りあったりするのにこうまで夢中になれることに驚いてしまう。行きつけの店の素朴なパニーノにも同じくらいびっくりさせられる。日なたぼっこを楽しみながらパニーノを食べているとき、それが神聖な食べ物のように思えてきて、この地区がわたしを愛していてくれることを実感する。

わたしの家で

長いあいだ会っていない旧友が遊びに来る。子どものころからの友人だ。小中学校のクラスメイトで、町の中心部の同じ高校に通い、大学も同じだった。その後、彼女は外国に住むようになり、めったに帰国しなかった。長く独身を通し、数年前に結婚した。娘が一人いる。最近、一週間のヴァカンスでこの町へ来るという連絡があった。わたしを家族に紹介したがっている。

お茶を飲みに来ることになり、朝買いにいったカップケーキをテーブルに置いておく。女の子は二歳で、大人たちがお茶を飲んでいるあいだ、リビングへ行って黙っておとなしく遊んでいる。それから、友だちは女の子をソファーに座らせ、おもちゃと本を与えて言う。「何も触っちゃだめよ」

亭主は——瘦せていて、彼女より何歳か年下だと思う——どの展覧会を見て、どの名所を見物して、誰に会うか、自分たちの綿密なプランについて話す。

「妻はあなたのために時間を割くことを強く望んでいました」と言う。

彼は学者で、本も書いている。教壇に立ち慣れている様子だが、わたしのませた教え子たちをつい思い浮かべてしまう。父親が外交官で、いろいろな国で育ったのだそうだ。プライドの高いお坊ちゃんのように見えるけれど、目は小さくて口は大きく、美男とはいえない。この町に魅力は感じず、たった二日間滞在しただけで、周囲の大雑把さに耐えられなくなっている。彼は言う。「騒がしいし、汚いし、わたしにはどうして人がこんなところに住めるのか理解できません」たくさんの国に住んできたというのに、世界について何を学んだのだろう?

わたしが女の子のために買っておいたカップケーキを、彼がほとんど一人で食べている。女の子は外国からリュックに入れてもってきた固くて味のないビスケットのほうが好みらしい。

「いつも一箱用意してあるの。そうすると子どもは家にいるように感じるから」友だちが言う。

亭主はチョコレートでコーティングされた柔らかくてべとつくジャム入りのケーキを選んで食べている。そして言う。「今夜は夕食を抜いて、長い散歩をしよう。この重い食べ物を消化する必要がある」

わたしも彼に対して愛想はよくなかったかもしれない。おそらく彼には、あれほど穏やかで明るい性格の妻が、わたしのように神経質な女と友だちになった理由が理解できないだろう。きみが話していた感じのいい友だちというのは本当にあの人なのか？　前はどうだった？　などとあとで彼女に聞くことだろう。わたしもあんな厚かましい人と結婚した友だちを気の毒に思う。わたしにそう見えるだけかもしれないけれど。それでも、彼女は彼とのあいだにおとなしい女の子をもうけている。

突然彼は椅子から立ち上がり、わたしの蔵書がすべて収められた本棚をじろじろと眺めはじめる。それはわたしの人生そのものとも言えるものだ。その本に注がれる彼の視線が気に入らず、いらいらしてくる。ちょうど妻が子どもにおしっこをさせることに気を取られているあいだに、一冊取り出してページを開き、一節を読んでいる。それは絶版になっている詩の本で、ある日曜日の古本市で見つけ、長い値段交渉の末に買ったものだ。

「おもしろいですか？」

「わたしはそう思います」

「だいぶ前に同じ著者の本を読もうとして、二ページでやめました。それが限界でした」

「わたしは好きですよ。すばらしい作家だと思います」

「貸してくれますか？」

それはお願いというより主張だ。そして、わたしは躊躇なく答える。「あいにくですが、あなたたちは旅行中で、つぎにいつ会えるかわかりませんから」

彼は軽蔑するようにわたしを見るが、何も言わない。本をもとの位置にもどす。自分が小心者だと感じるが、こいつにはわたしの本を貸したくない。そんなことはできない。

友だちがもどってくる。彼女の目が少し曇りがちで、前のように輝いていないことに気がつく。話題を変える。それから、二人は少しあわてた様子で、ほかの約束があるからもう行かなければいけないと言う。

彼らと別れのあいさつをしながら、夫抜きで二人だけで会いたかったと思う。ほとんどずっと彼が一人で話していた。

「電話で連絡しようか？　今度はわたしとあなただけで会わない？」エレベーターのところまで来たとき、おとなしい娘を抱いた彼女が聞く。

「わたしはいつでも」と答える。でも、もう予定がぎっしりで無理だろうとわかっている。

家を片づけ、余ったケーキを缶にしまう。これで一週間ずっと朝ご飯にちょっとずつ食べられる。彼がもっていきたがった本をチェックしにいく。表紙にジャムやチョコレートの染みがついていないことを願う。よかった、ついていない。幸い彼は跡を残さなかった。彼はきっとこう思ったに違いない。この女は何千冊も本をもっているのに、おれに一冊貸すことすらできない。でも、この本はわたしにとってとても大切なもので、彼には一言も意味がつかめないだろう。

リビングにもどり、女の子が座っていたソファーに腰を下ろそうとすると、白い革の背もたれに、わたしがテーブルの本の山のそばに置き忘れたボールペンでその子がいたずら書きをした、細く長い一本の線が残っているのを見つける。

おもちゃをリュックにしまったのは彼だった。ソファーの背もたれに、前はなかった線があるのをまちがいなく見たはずだ。それなのに、子どもにもわたしにも何も言わなかった。女の子はわたしにキスをして、さようならをし、お茶のお礼を言った。

その線は長い髪の毛のようで、無害だけれどがまんできない。漂流する線のようだ。指でこすっても消えない。どんなに消そうとしてもきれいにすることができない。隠すためにクッション、それからブランケットを買う。それでもうまくいかない。クッションはすぐ動いてしまうし、ブランケットは滑り落ちてしまう。だからいま、読書はべつの肘掛け椅子でするようにしている。

八月に

八月に入るとわたしの地区は空っぽになる。昔は光り輝いていたが、いまはほとんど命が消えかかっている老婦人のように衰えてしまう。なかにはわざわざここにとどまる人、自分から進んで家に引きこもり、誰とも会わない人もいる。縁が欠けたような、激しく閉じられたようなこの時期が我慢できない人たちは、憂鬱になってよそへ行ってしまう。わたしはこの月が特別好きなわけではないけれど、ひどく嫌ってもいない。

初めのうちは静けさを満喫し、まだ残っている近所の人たちにあいさつをする。彼らはまるで海辺の辺鄙な小村に住んででもいるかのように、平気でスリッパ履きで外出している。まだ開いている店やバールで、わたしたちは目前に迫った自分たちのヴァカンスの計画を話す。そしてこんなことを言う。どこにでも駐車できるし、いつもは大混乱の大通りを目をつぶったまま横断できるし、最高だよ。広場が空っぽだなんて、こんなすばらしいことはないね。ところが突然、沈黙と無気力によってあらゆるものが衰え、息ができなくなり、皮肉にも、疲れ果てるほど活発に動いていたときがなつかしくなることに気づく。数日前からバールの戸は閉められていて、家の外でコーヒーを飲むこともできない。それでもわたしは昼近くに家を出て買い物に行く。開いているのは二軒の露店だけで、品物はあまりない。食べ物はもう日に焼かれ、ぶよぶよして値段も高い。売り子たちは白い天幕の下で彫像のように動かず、無言でやる気のない静止劇の登場人物のようだ。おなじみの人たちではない。わたしが普段通っていて、たくさんおまけしてくれる店の人たちはもう町の外だ。この二つの店は抜け目がなく、酷暑の憂鬱な天気にもかかわらず二週間も町を観光してくれる人たちに、法外な料金をふっかけている。観光客は広場のアパートを借りていて、そこの家主はいまボートに乗っているか、山にいるか、空港にいるかだ。

市場以外にお金を使う場所がない。商店はどれも休暇中で、喪中のためでなく楽しみのためにシャッターを下ろしている。扉には、感嘆符つきの元気あふれる手書きの紙が貼られていて、お客が楽しいヴァカンスを過ごすことを祈るとともに、営業再開の日時が記されている。ところが、今年は一つ変化がある。隣人の一人でちょっと変わった三十ぐらいの青年が、自分の家の中身を空にすることにしたのだ。彼は風変わりな建物に住んでいる。もともと商店だったスペースで、ドアや窓の代わりにシャッターがついている。

彼は半ズボン——たぶんパジャマも兼ねている——姿で、車がほとんど通らない路地に置いたスツールに一日じゅう座っている。ここは駐車するか、うまくハンドルを操作して出ていくことしかできない道だ。スツールの横には二、三脚の折りたたみ式テーブルがあり、その上にいろいろな役に立つ物、立たない物が並べてある。花瓶、フォークとナイフのセット、雑誌、学術書、縁が欠けた絵付けの陶器鉢、色が落ちたデミタスカップ、おもちゃ、あらゆる種類のがらくた。きれいだけれどすり減った婦人靴。色あせて少し汚れた絹の裏地のイブニングバッグ。ハンガーに掛けられた季節外れで場違いなみっともない多色使いの毛皮コートが一着。

青年は少し歪んだ食器棚に本を並べ、ビロードのカバーを掛けたテーブルの上にアクセサリー類を置いている。皿などの食器は同じテーブルにきれいに整理されている。わたしはこんなことを思う。この使い古されたフォークやナイフはどれだけ多くの食事に使われてきたのだろう？ここに並ぶ花瓶がこんなにくたびれてしまうまえ、どれだけの花束が入れられたのだろう？ 毎日少しずつ違う品物が並べられ、彼は新しい選別を行う。「全品大安売り」と紙切れに書いてある。聞いてみると、ほとんどどれも同じ値段だ。

午後になると、青年は昼食のまえに品物をすべてなかに移し、シャッターを下ろしてどこかへ行ってしまう。どうも海へ行くらしい。翌朝また姿を見せる。暗い家のなかの一部分がちらっと見え、そこには収入源になるはずの品々がほこりをかぶって散らばっている。

わたしは毎日彼にあいさつして立ち止まり、少しのあいだがらくたの山をかきまわしてみる。そうしないのは失礼に当たるのではないかと思う。と同時に、他人の領域を侵しているようなためらいもある。この品物を引っ張り出してきたのは彼なのだけれど。彼の持ち物に手を触れて、それをほしいと思ったり、買ったりするのは無作法なのではないかと思ってしまう。

とくに気になるのは、そんなに大きくないサイズのカンバスに描かれた、右寄りに分け目をつけた短髪の若い娘の肖像画だ。両肩と胸のあたりが未完成で、そこはカンバスの汚れた白い色のままになっている。娘は不機嫌そうで、斜めにわたしを見ている。

彼——その顔色の悪い若い娘のたくましい息子だろうか？——は愛想がいいが、しつこい売り手ではない。わたしが好奇心を示しても眉一つ動かさない。それでも、商店はどこも閉まっているので、彼のところで少しお金を使うことにする。ある日、グラスを二つ買う。それから、三十三年前に街角の売店で売られていて、たぶん電車の中で読まれたはずの雑誌を同じ値段で買う。つぎにネックレス。そのつぎにあの肖像画。買っても買っても、奇跡のようにつぎつぎに新しい品物が出てくる。夏のわびしく人気のない場所に現れるこの品物の山、この品物の洪水から、あらゆるものの消滅について、また平凡だがなかなか消すことのできない存在の痕跡について、わたしは考えさせられる。

何も必要ではないのだけれど、それでも何か買ってしまう。そして家では、朝にその縁の欠けたカップでその日最初のコーヒーを飲む。バルコニーで雑誌を読み、一世代前の俳優や事件やゴシップの情報を得る。壁にその肖像画を掛け、気難しそうな若い顔を眺める。何がこの娘を幸せにしてくれたのだろうか？　あの派手な毛皮のコートを着ていたのは、結婚してからの彼女なのだろうか？　澄んだ冬空の下で急いで用事をすませているときも、きれいな格好をしてエレガントでいたかったのだろうか？

ある日、青年はわたしに小銭を返す必要があり、家に呼んでくれる。入ったとたんにいやな感じがする。気分が悪くなりそうなほど、ひどく年季の入った家だ。何もかもが積み重ねられ、ほったらかしにされて床に散乱している。

「これは誰のものだったの？」ようやく彼にたずねる。

「家族のもので、いまはおれのものだよ。ぜんぶ一か所に集めたんだ。そこにある本のおかげで高校の卒業資格試験に通った。お袋は四十六年間、その鍋で料理をつくってくれて、親父はそのトランプでゲームをしてた。親父は何も捨てなかった。お袋が死んだときも、形見を処分しなかったんだ。今年、親父も死んだんで、おれがやることになって。そうしないと、彼女がここに泊まってくれないからさ」

こうして、わずかなお金でわたしの家は変わり、スパルタ人のような生活がほんの少し華やかになり、長く煮込んだ肉料理のように風味を増す。雑誌の黄ばんだ紙のせいで涙が出るし、肖像画のカンバスは虫に食われているのだけれど。それはどうでもいいことで、買った品物は心を和ませてくれ、退屈を紛らしてくれる。ところで、両親を失った隣人のほうは、微々たる売り上げに嫌気がさしたのか、あるいはあてにできるただ一人のお客にもうんざりしたのかもしれない。ある日、ゴミ収集箱にぜんぶまとめて押し込んで、腰にしがみつく恋人といっしょにバイクで海まで一走りしようと決心する。

レジで

わずかなお金を払って、すてきだけれどどうしても必要ではない物を買うとき、わたしはいつも悩んでしまう。それは、コインを一個ずつていねいに数え、二枚張りついていないように、紙幣を一枚ずつ指でこすってからわたしに渡していた父の影響なのだろうか？　外食が大嫌いで、スーパーのティーバッグ二十個入りの箱と値段が同じだからといって、バールでは一杯も紅茶を飲まなかった父の？　わたしがいつもいちばん安い洋服、メッセージカード、メニューの料理を選んでしまうのは、両親の厳しいしつけのせいなのだろうか？　商品を見るより先に値札をチェックしてしまったり、美術館で絵を眺める前にキャプションを読んでしまったりするのも？

たぶん父はこの地区のバールが気に入っただろう。お金をまったく払わずに、泡の立ち上がるグラス一杯のミネラルウォーターを注文し、立ったままゆっくり飲んで一息ついたり、誰かとちょっと言葉を交わしたりすることができるから。

そんな父だったが、わが家でただ一人お金を稼いでいた彼は、ある程度の額を劇場へ行くために貯めていた。それもけっこういい席を選んでいた。そのお金は彼にとっては個人的な投資であり、有益な支出だった。一方、働いておらず経済的に自立していなかった母は、お金とはいつもねじれた関係にあった。ずっと昔、服をほしがって――七、八歳のころだったと思う――母に叱られたときのことをいまでも覚えている。とても女の子らしい半袖の白い服で、首まわりにパールのネックレスが直接、わたしが思うにとても上手に、縫いつけてあった。

「高すぎるわ。こっちにおいで」即座に母は言った。わたしはとても傷ついた。服を買ってもらえなかったからではなく、手が届かない物と知りながら、ことさらほしがったことに。

もっとつらかったのは、十三歳ごろの思春期のできごとだ。わたしは年下のいとこと遊びに出かけていて、わたしの役目はその子を守り、責任のあるいい子でいることだった。わたしたちは有名な混雑した市場で午後を過ごすためにバスで町へ行った――なんという冒険！　ありとあらゆるがらくたが並ぶ何百という露店のなかで、赤と黒のプラスティックの玉が縦に並んだドロップ型の軽いイヤリングが目を引いた。どうということのないものだったけれど、何千もの品のなかで、それがわたしの心を揺さぶったのだ。

母から少しお金をもらっていたので、わたしはそのイヤリングを買って大満足だった。ところが、家に帰ってわたしの新しい宝物を見せると、母は値段を聞いて怒りだした。そして、おまえはお金の使い方を知らない、こんなイヤリングにこんなにたくさんのお金を使うべきではない、おまえはだまされた、と言って長いことわたしをとがめた。それは母の叱り方の特徴だった。以来、そのイヤリングを見るたび、自分を恨まずにはいられなくなった。

いま思い返してみると、大人になってからも危ないことが一度あった。初めての恋人が新しい家に引っ越すまえ、わたしたちが愛を交わした——わたしが処女を失った——部屋の掃除をしていた。彼は床、ベッドの下、ソファーのクッションのあいだなどに散らばったままになっている小銭を処分しようとした。何の値打ちもないのだから拾い集めてもしょうがない、と言って、長いあいだに家具の後ろにたまった大量のほこりといっしょに、小銭をぜんぶ掃きだしてしまった。その瞬間、二人の関係はうまく行かないだろうと、わたしは痛みとともにはっきりと理解した。

いま、人生のこの時点で、わたしにはまあまあの稼ぎがあり、支障をきたすこともなく毎日お金を使っている。だが、思ってもいないとき、たとえば凝った表紙のポケットサイズの本とか、バルコニー向きの色鮮やかな植物に興味を引かれたりすると、わたしは不安に駆られる。そういう類いの品物は赤と黒のイヤリングを思い出させ、動けなくなってしまう。空腹で死にそうなときでも、いちばん質素なパニーノにしたり、何も食べないでいたりすることがときどきあるのはそのためだ。店に入って、何かに心引かれても我慢して、レジに近づかないで店を出られたら、自分を徳の高い娘だと感じる。誘惑に負けたなら、そのときはそのときだ。

たとえば、今日は肌寒い一日で、薬局のボディオイルの瓶の前で足が止まる。熱心で辛抱強い薬剤師で、いくつか試させてくれ、ラベンダー、ローズ、ザクロなど、いろいろな香りを嗅いでみるよう勧めてくれる。

「いまの季節はお肌がとても乾燥します。お好みでバスタブに一滴垂らすのもいいですよ。お肌は大切にしませんと、先生」と言う。

だが、どうもすっきりしないところがあり、正しい買い物だと納得することができない。家にも同じような物がきっとあるはずだ。結局、もしものときに備えていつもバッグに入れておく頭痛薬だけ買うことにする。

自分のなかで

どうして今朝は家を出るのにこんなに時間がかかるのだろう？　こんなところでもまごついてしまうのはなぜだろう？　目を覚ますのがだんだん大変になってきているので、すぐに行動し、反応し、体を動かし、集中しなければいけない。それなのに今日は、ごく普通の一日のためにゆっくりと支度をしているうちに、自分が何をしたいのかわからなくなってしまい、着る物にこだわりなどないのに、クローゼットの前で迷ってしまう。立ったままで味わいもしないで朝食をとり、切ったリンゴを小皿にのせず、二杯目のコーヒーが飲みたいのかどうかもわからない。不安になり、どこに身を置けばいいかもわからない。十五分が過ぎ、また十五分が過ぎる。

家を出ようとしてまた立ち止まり、上着を脱いで、服を引き立たせるためのネックレスを探しはじめる。どこかの宝石箱《ポルタジョイエ》に入っているだろう。喜びを運ぶ《ポルタジョイエ》ということのいちばんすてきな言葉のことを思っていればだいじょうぶ。

　このように時間が膨張してしまうと、自分が心神喪失者で、自分自身をコントロールできなくなっている気がしてくる。ドアの向こうで何も恐ろしいことが起こらないのはわかっている。それどころか、わたしを待っているのは授業、同僚との会議、もしかしたら映画など、まったく記憶に残らないような一日なのだ。それなのに、わたしは携帯電話とか定期券とか身分証明書とか鍵とか、どうしても必要な物を忘れるのではないかと心配になり、身動きできなくなってしまう。

夕食に

自宅で少人数の夕食会を開くのが好きな独身の男友だちがいる。彼は屋根裏部屋に住んでいて、教会の丸屋根や無数のアンテナに面した魅力的なテラスはとても居心地がいい。でも今夜は風があるので、食事は家の中でする。最上階までエレベーターで行き、さらに建物のてっぺんまで歩いて上る。この住まいはちょっとおもちゃめいている。どこも狭く、黒っぽい梁がむき出しになっている。小さい部屋がつながっていて、廊下はない。ほとんど部屋ごとにベッドがあり、床にはクッションが積み重なって、そのまわりに本が散らばっている。つまり、この家ではいつでもどの部屋でも本を読んだり眠ったりできるということだ。子どもには楽しいだろう。ところがわたしの友だちは六十代の上品な紳士で、教養ある独身男なのだ。

腰を下ろすまえに頭を低くしなければいけない。わたしを含む少数の常連を除くと、お客はいつも変わる。ほかのお客に再会することはめったにない。数時間におよぶ一度限りの社会的実験室のようなものだ。

今回、わたしは肌を刺す冷気に耐えながら歩いてきて、とてもおなかがすいている。少し遅れたので、みんなもうソファーに腰を下ろしている。一杯飲んでピーナッツを食べる。映画監督、ジャーナリスト、女性詩人、心理学者、新婚旅行にこの町を選んだ北部のカップルにあいさつする。

さっそくカップルの女性にいらいらしてしまう。たぶん、握手したときにわたしの顔を見なかったからだろう。三十代で、どちらかと言えばたくましい体つきだけれど、顔はべつの体のもののようにこけている。束ねたストレートヘアーと肉づきのよさのために信用できる人物に見えて得をしている。

彼女は町についてコメントをする。ちょっと思いあがっていて、何にでも口を挟んでくる。わたしが参加者たちに自分の仕事の説明をしていると割り込んできて、話題をソファーの上にかかっている絵のことに変えてしまう。画家を個人的に知っているのだそうだ。才能のある人ではあるけれど、過大評価されていると主張する。彼女の意見はすべて気にさわる。どれも的外れのように思えるし、少し無礼でもある。それでも、彼女の自信たっぷりな態度には興味を引かれる。妖術使いのような、ちょっと不思議な女性で、群衆に向かって長々と熱弁をふるうタイプだ。

わたしたちは六人で食卓についている。ミネストラを食べ終わるとみんなしゃべらなくなり、わたしたち二人だけが話しつづける。ある映画についての議論になり、わたしはいい映画だと思うから擁護する。彼女は有名な俳優が最低だと言い張る。

わたしは酔ってはいないが、我慢できなくなって言う。

「あなた、自分で何言ってるかわかってる？　なんて馬鹿なことを言ってるの？」

彼女は答えず、そのときからわたしを完全に無視するようになる。ほかの人たちは困ったようにわたしたちを見ている。友人だけの少人数の夕食の席で、こんなふうに話したことはなかった。彼女の夫はわたしを冷ややかな目でじっと見ている。わたしは彼が愛し、当然のことながらいっしょに家庭を築こうとしている人を侮辱したのだ。べつの一人が話題を変えるが、わたしは話についていけず、ほとんど何も口に入らない。友だちは何事もなかったかのようにテーブルを片づけ、ケーキとコーヒーを運んでくる。

恥ずかしく思いながら、疲れているけれどずっと歩いて家に帰る。家まで四十分かかる。窓が閉ざされた暗い建物の下は、急いで通り過ぎる。長く歩いたあとでも、まだ動揺は収まらず、みっともないとさえ感じる。夜の集まりを台無しにしたことを友だちに謝ろうと思う。広場を横切る。ここへは明日の朝買い物に来ることになるだろう。でも今夜は、噴水の周りでおしゃべりしている若者たちに、タバコを一本もらうことにする。

ヴァカンス中に

秋の連休を利用して市外へ行く。頭を空っぽにするため、近くの町で心を温めなおすため、そして単調な生活から逃れるためだ。静かで日当たりのいい場所に到着する。静かなホテル、おいしい朝食、正午までは無人のプール、申し分のない環境だ。ただ一つ問題なのは、わたしがここでも、ほかの人たちと同じようにしなければと思ってしまうことだ。朝食の時間には、あたりをめぐる長い小道、鹿がたくさんいる松林、すばらしい景色が楽しめる高台のレストランのことを、みんなが夢中になって話している。行ってみる価値のある有名な作家の家もあるそうだ。でもわたしはそんな気分ではなく、眠ったり、きれいな空気を味わったり、子どもたちが飛び込みはじめるまえのプールでのんびり一泳ぎしたりしていたい。

子どものころ、わたしは両親とどこへも行ったことがない。わたしはこのホテルで両親といっしょに座っている子どもたちとは違っていた。いっしょに食事をしたり、トランプをしたりする家族ではなかった。

父は、賢明だったのか、それとも頑固だったのか、家でゆっくりしているほうがいいと考えていた。荷物をまとめることも、少しのあいだだけ知らない土地に順応する必要もなく。そんなことをしているうちに休みの半分は飛んでしまうと言っていた。だから、働かなくてもいい期間は毎年ずっと家にいた。朝遅くまで着替えもせず、のんびりと広場へ行って、新聞を買ったり、ベンチに集まっている近所のお年寄りたちにあいさつしたりしていた。それから、扇風機の前のソファーに寝転んで新聞を読んだり、少し音楽を聴いたりしていた。山や海へ行こうとはしなかったし、自然の美しい景色に感動することもなかった。彼にとって、安らぎとはいつもの場所でじっとしていることで、そこが彼のただ一つの隠れ家だった。

母は旅行がしたかったし、避暑にも行きたかったはずだ。美術館や教会や神殿を見に大都市へ行きたがっていた。父はそんなことは疲れるだけで、お金の無駄だとも考えていた。それに、彼に言わせれば、海や山ではいつも何かしらの危険がつきまとう。彼はこうも言っていた。もし雨が降ったら大変だ。何時間も運転するのはまっぴらだ。屋内、できれば劇場で楽しむほうがましだ。お金を稼ぐのも運転するのも彼だったから、夏は三人とも家にいることになった。

大人になってから、そんな習慣をやめることを覚えた。いまではよそへ行ってゆっくりすることの必要性が理解できる。年に一度気分を変えるのは悪くない。つながりや依存関係はつくりたくないので、同じところへは二度と行かない。ただ、日常生活から離れていると感じれば感じるほど、自分が生まれた家庭や自分の青春時代とは無縁になってしまう気がする。その距離はわたしが求めたものであるだけ、悲しくもなる。太陽を浴びながら憂鬱な気分になる。不幸なわたしの家族のために心が痛む。結婚しているあいだは不満ばかりで、夫を亡くすと尊大になった母が気の毒でならない。

それでも、父と意見の合うところもある。この一週間のヴァカンスの出費はある意味無駄遣いだし、いつも使っているものがなくて困ることもあるし、朝八時にきちんとした服装で大勢の人に交じって朝食をとるのにも少しうんざりしている。コーヒーはぬるいし、シーズンオフなのに三日目からホテルは満室で、子どもたちは朝食後すぐにプールに飛び込みはじめ、夜になると、ホテルを経営している若いカップルが、みんなを星空の下で踊らせようと音楽を流す。

夕食後は部屋にいてテレビを見る。両親のことをたくさん考え、どうしてこんな遠いところまで二人は執拗にわたしを追いかけてくるのだろうと思う。

二人のどちらに似ているのだろう？　父だろうか？　彼はわたしと同じように部屋にとどまって読書をしているだろう。それとも、ダンスをしたがるに違いない母だろうか？　彼女は父やわたしではない人たちと楽しもうとしたはずだ。彼女が愛した人たち――友だち、親戚、彼女がいつも優しくほほえみ、仏頂面を見せなかった人たち——はいつも家の外にいる他人だった。わたしと父、その二人が牢獄だったのだ。

スーパーで

冷蔵庫が空になっているので、スーパーへ行くことにして、またあの既婚の男友だちとばったり会う。彼にとってわたしは……何なのだろう？　通らなかった道、実現しなかった物語。わたしは籠をもっていて、そこには一人暮らしの代わり映えのしない買い物が少しだけ入っている。彼のほうは、シリアルの箱、ビスケットの袋、スライストーストの包み、ジャム、バター、ミルク、豆乳など、いろいろな種類の食べ物でいっぱいになったカートを押している。家族がそれぞれ何を食べるかを説明してくれ、全員でいっしょに朝食をとるために戦いつづけているけれど、ほとんど実現しないと言って嘆く。男友だちは米、パスタ、ヒヨコ豆、トマト、コーヒー、砂糖などの箱、オイル、炭酸入りと炭酸なしの水のボトルなど、予備の食糧をいつでもパントリーに十分にそろえておくのが好みだ。

「万一の災害に備えて」と冗談で言う。

「災害？　どうして？」

食糧のあるなしにかかわらず、彼らには災害などあり得ない気がする。わたしは買い置きなどしないから、冷蔵庫もパントリーもほとんど空っぽで、いつも瀬戸際の生活だ。

レジでべつべつに会計をすます。彼は十五分かけて買ったものをぜんぶ袋に入れる。それから、スーパーの地下の駐車場まで彼を送っていく。うっとうしい音楽、ネオンの明かり、食べ物の匂い、効き過ぎのエアコンが遠くなっていく。

「送ろうか？」

「荷物は二袋しかないから、歩いていく」

「そう言わずに。雨が降りそうだし、いっしょに帰ろう」

車のトランクを開ける。冴えないくすんだ緑色の透明な袋はどれも同じようで、見分けがつかない。わたしの分はチャイルドシートに置くことにする。パン屑だらけであまりいい気はしない。まわりにはいろいろなおもちゃ、ばらばらになった人形、ぼろぼろの本など、何時間も車に押し込められていた子どもたちの痕跡が見える。

彼が袋の一つから板チョコを取り出す。

「いますぐ食べないと」

わたしはそのわけを知っている。女友だちは糖類や飽和脂肪酸のことを心配しているのだ。わたしに一かけくれる。

「この駐車場のことは誰も知らないんだ。見てのとおり、こんなに静かなんだよ。ぼくだけの秘密で誰にも教えない」

家まで送ってくれる。自分の袋を取って、彼にお礼とさようならを言って、いつものように頬にキスをする。

「ほかにいるものはない？　こっちの袋のどれか持ってく？　どうせ半分は買い置きだから」

「もし災害が起きたら、家を出たほうがいいわ」

「まあ、そうだね」

確かに、ほかにいるものはない。彼がわたしのために取っておいてくれる気持ちだけで十分だ。

海で

海沿いの村のレストランにいる。ガラス窓から今日は灰色の空と海が見える。もう冬だが、あまり風も強くなく、気持ちのいい日曜日だ。太陽は輝いていないが、雨も降っていない。今日は同僚の娘の洗礼式だ。彼女はわたしに来てもらいたがっていて、ほんとうは辞退したかったのだけれど、招待に応じた。べつの男の同僚が車に乗せてきてくれた。煩わしいが、残念ながらわたしは車をもっていない。

教会で式が終わってから、みんないっしょにレストランへ来た。大人数で、三つの長いテーブルがスペースをほとんど占領している。レストランはわたしたちの貸し切りだ。オーナーは同僚の家族の知りあいで、このような機会に何度もここでお祝いをしてきたから、みんな家にいるようにくつろいでいる。招待客の大部分は両親、いとこ、しゅうと、おじおば、ほかの子どもたちといった、わたしの友人とその夫の親戚だ。とても騒がしいのに、主役の女の赤ちゃんはベビーカーで眠っている。目の前の浜辺に波が寄せるように、笑い声は大きくなったり静まったりしている。

洗礼をすませたばかりの子のいとこたちが見える。年上の子たち、歩けるようになっている子たち、もう一人で食べられる子たち、何キロか減量しなければいけないだろうというぐらいよく食べる子たち。

乾杯をして、食事が始まる。ウェーターたちがたくさんの種類の前菜――ムール貝、アサリ、アンチョビ、チーズ、オリーヴ、スモークサーモン、エビ――をいくつもの皿にのせてテーブルに運んでくる。連れてきてくれたうっとうしい同僚とは離れた席にしてくれている。どうせ彼とはすぐにまた車で顔を合わせることになる。

食べて、少しワインを飲む。となりに座った人と話をする。自己紹介をして、いつから友だちと知りあいかとか、仕事の計画などを説明する。海を覆い、水平線で海と溶けあっている曇り空を眺める。この大騒ぎの彼方の安らぎ。わたしのほか誰も海の輝きに気がついていないことに驚く。

わたしは閉所恐怖症なのだけれど、集まっている人びとから引き離され、彼らの永続的で深い結びつきから疎外されていると感じる。それなのに、よく知らない人たちの話に耳を傾けることを強いられている。肉体的にも居心地が悪い。座っているのは苦痛だし、首の上の頭が妙に重く感じられる。何もないのに喉に何か詰まっているような気がする。息をするとおなかが上下するのが見えるが、胸が苦しいような感じもする。外へ出て新鮮な空気を吸う必要がある。

あたりを見まわす。何かつかまるもの、動かないものが必要だ。ベビーカーで眠っていた女の子は目を覚ましていて、友だちの夫の腕の中で丸くなっているのが見える。泣き出す。祖母があやしに来る。

わたしは急に立ち上がる。トイレを探す。外にある。よかった。それならどうしても外に出なければいけない。

「奥さん、寒いですから何か羽織ったほうがいいですよ」ウェーターが注意してくれる。

コートを着て手洗いに行き、それから姿をくらまして浜辺へ下りる。海は荒れていて雄大だ。わたしがいるのは皇帝の邸宅の廃墟の中だ。かつては海に面していて、皇帝が夏を過ごしたいくつもの部屋の境が見え、その規模がなんとなくわかる。

今日の午後の主賓を務める女の子のことを考える。その子は自分の人生の陽気な幕開きにも気づかず、世界の歴史も知らないでいる。

屋外の下のほうから見ると、人工的な明かりで照らされたレストランは、人でいっぱいの水族館のように見える。そこでは誰もが違う色の服を着て、誰もがゆっくりとした動きを強いられている。

いまはもう浜辺にいるのはわたし一人ではなく、子どもたちもこのガラスの立方体から抜け出してきている。波打ち際を走ったり、叫んだり、小石を投げたりしている。住む人のない邸宅の頑固な痕跡に囲まれた洞窟でかくれんぼしたりしている。

野外は荒々しい音がする。風と海の激しい音、何もかも浸食する波がぶつかる音。どうしてこの荒れた海がわたしたちの気持ちをこんなに晴れやかにするのだろうと考える。

バールで

わたしは結婚したことはないけれど、ほかの女たちと同じように、妻帯者とつきあったことは何度もある。今日はそのうちの一人で、川向こうの地区の、いまわたしが一人で来ているこのバールで知りあった男のことを思い出している。その日、わたしはコーヒーを飲んで帰るところだった。彼はわたしのあとを追ってきて、歩道のところで呼びとめた。気が狂ったようにわたしの後ろを走ってきたのだ。

男の人にこんなに勢いよく追いかけられたのは初めてだった。わたしはまあまあ魅力的だけれど、みんなを惑わすほどの美人ではない。それなのに、彼は口ごもりながら言った。「迷惑だったらごめん。きみと知りあいになれたらうれしいんだけど」

ただそれだけ。彼は五十歳前後で、わたしは二十歳ぐらいだった。ほかには何も言わず、不安そうな澄んだ目で訴えながら、じっとわたしを見つめていた。優しく、粘り強い目つきだった。無視しようとはしたものの、まんざらでもなかったし、ありきたりのナンパ男のようにも見えなかった。

「コーヒーを一杯だけでも」と彼がまた言った。

「飲んだばかりですし、用事がありますから」

「それじゃ、もっとあとで五時ごろに。ずっとここで待ってるから」

その午後、わたしは友だちと会った。そして起きたことを話した。

「どんな人だった？　行くの？」

「さあね。たぶん」

「男前？　身なりはよかった？」

「まあそうね」

「それで？」

五時二十分にわたしはバールにもどった。彼はテーブルの前に座っていた。空港で親しい人を待っている人のように、ただ待っていた。わたしが入ってくるのを見たときの彼の目の熱さは絶対に忘れないだろう。不幸な結婚生活をつづけている男で、わたしは彼と恋愛関係になった。ほかの町に住んでいて、日帰りの仕事でときどきここに来ていた。ほかにつけ加えることがあるだろうか？

思い出は断片的だ。何度か昼食の時間に車で市外へ行ったことを覚えている。彼は運転が好きで、適当な出口で高速を下りて、おいしい料理が食べられる田舎の隠れ家レストランを見つけるのが好きだった。空っぽのトラットリアがいくつも頭に浮かぶ。一度など、わたしたち二人とウェーター、オーナー、それにけっして顔を見せなかったシェフしかいなかったのを思い出す。わたしたちはその午後ずっとそこにいて話していた。何を食べたかはもう思い出せないが、盛大な結婚式のようなヴァラエティー豊かな料理がたっぷりとまわりにあったことだけは覚えている。

彼はテーブルでタバコを吸うことを許してもらった。どこで奥さんと暮らしていたのか、どの町に住んでいたのか、わたしは知ろうともしなかった。彼がわたしの家に来たこともなかった。電話が来るのを待って、毎回会いにいった。それは灼熱のエピソード、一瞬のきらめきで、わたしにはもう何の関係もない。

お屋敷で

家の近くに、かつてはある裕福な一家の所有で、犬や子どもたちが喜ぶような庭に囲まれたお屋敷がある。わたしは昼近くによく出かけていき、涼しい小道を散歩する。二階建ての家ぐらいの大きさで、とてもきれいな丸屋根のある巨大な鳥小屋の前を通る。なかにはもう小鳥一羽いない。鳥小屋の上には、まるで生きている有刺鉄線か何かのように、汚い鳩たちが辛抱強く並んでいる。鮮やかな緑の羽のオウムたちが木から木へ飛んだり、何分間か草の上で休んだりしている。屋内にある石の噴水は苔に覆われ、オウムと同じ緑色になっている。水はずっと流れている。

小道沿いにはいくつも噴水があり、架空の生き物の彫刻で飾られているが、なかには四つの乳房がある女性像、骨盤から下が雌ライオンになっている女など、気味の悪いものもある。腰から下が毛で覆われて山羊の蹄をもち、両肩に壺をかついだサテュロスたちがいる。女たちが色っぽく切なげに獣のポーズを取っている。魚の尻尾をもつ子どもたちがうっとりと貝殻を吹き鳴らしている。

お屋敷はいつも閉まっているが、美しい窓を通して、黒っぽい木のテーブル、椅子、本でいっぱいの棚があるのが見える。図書館か研究所らしいが、外には何の表札もなく、秘密めいた雰囲気を漂わせている。腰かけて読書したら気分がいいだろうと思うけれど、人がいるのを見たことがない。

今日は散歩していて二人の人に会う。七十歳ぐらいの女性と男性だ。ちょうど小道がかなりでこぼこになっているところを、とてもゆっくりといっしょに下ってくる。昔は小川だったかのように、地面に溝ができている。二人は親しそうだが、夫婦のようには見えない。むしろ兄と妹のようだ。たがいを必要とする正真正銘の親密な幼年時代をいっしょに過ごしてきたのだろう。

近づいていくと、女性の一歩一歩が大変そうなのがわかる。そして、おなかにドレインをつけていることに気がつく。二本のチューブと二つの透明なビニール袋がついている。一つには血が溜まっていて、もう一つにはかなり明るい色のねばねばした液体が入っている。サングラスをかけていて、レンズが真っ黒で真四角なので、まなざしから感情を推し量ることはできない。それでも、鋼鉄の意志をもつ女性という感じがする。ついこのあいだ手術したばかりに違いない。お屋敷の裏には病院があり、まだ入院中か、もしかしたら退院したばかりで、ほっとしながらも、外に出て戸惑っているのかもしれない。

兄らしい男性は彼女の横に並んで支えながら歩いていて、二人はほとんど一体になっている。彼は細長いチューブをまるで犬のリードのように手にもっている。犬たちはといえば、この時間、公園じゅうを自由に走りまわっている。

このとき公園で金切り声を上げている子どもたちより、女性のほうが生き生きしているように感じる。わたしは強く結ばれたこの二人の姿に感動し、尊敬の念を覚える。二人のあいだの献身的な愛情、命のつながりを理解させられる。わたしたちのなかを流れ、循環しているはずの、また規則的に排泄されている物質について考える。それは目には見えない、きれいではないが重要な機能なのだ。

二人は話をせず、ただ用心しながら歩いている。彼女は難しい手術を終え、手術室で目を覚ましてこの世界にもどってきたのだろう。手術のあいだはべつの世界にいて、痛みも感じずに横たわっていたのだ。

田舎で

いつも世界じゅうを飛びまわっている友だちの田舎の家へ行って二日間過ごす。ある日わたしがしょげかえっているのを見て、彼女はこう言った。「自由に使って。あそこなら誰も邪魔する人はいないから。お願い」ちょうど生活に汲々としているところだったので、彼女の勧めに従う。準備をして、中央駅から電車に乗る。発車案内板の行き先を見てびっくりしてしまう。行くべき道のりがどれだけあるのか、また自分の旅程がどれほど偶然のものなのか考えさせられる。そんなに長い旅ではなく、新聞を読み終わるまえに降りなければいけない。駐車場でわたしを待っている車を見つける。庭師が置いておいてくれたものだ。

丘に囲まれたこのおとぎ話のような地域は、夏は楽園だろう。ハンドルを握るのはほんとうに久しぶりだったけれど、何の問題もなく運転できる。車は小型で安全、道はずっと上り坂だ。友だちの助言に従い、村に寄って三日分の買い物をする。これでもう下りてくる必要がない。店の人に友だちの家の客だと言うと、みんな警戒心を解いて親しくしてくれ、買うまえにチーズの味見をさせてくれる。誰もが近々到来する恐ろしい寒さのことを話している。三日連続で気温は低く、激しい風が吹き、雪も少し降るかもしれない。

家は谷間にあり、眺めがすばらしい。広々と明るい空、一握りの家が遠くに見えるだけだ。プールはカバーで覆われていて、ハンモックが風に揺れ、干からびた蔓草がいっぱい絡みついた棚は剪定が必要だ。

石の下から鍵を取り出してドアを開ける。スーツケースの中身を出し、暖炉に火をつけてコーヒーをいれる。キッチンは大きい田舎風で、大理石の低い流し台に窓からの光が注いでいる。大小さまざまなテラコッタの鍋、絵付けの水差や缶。天井のすぐ下には、判読不能の長い碑文のように、鉄製の鍵が一列にぶら下がっている。もう存在しない扉をかつては開けていた、いまでは不要となった鍵。

スニーカーをはき、日が沈むまえに散歩をする。麦畑を横切る小道を歩く。ここは物音一つ聞こえず、村はのどかで、規則正しく並ぶ干し草ロールと同様、整然としている。どんな変化にも、どんな破壊にも耐えてきた場所だ。小川のところまで行き、時計を見て引き返す。一人暮らしには、財布のお金を見積もるように、時間を正確に見積もることが必要で、わたしはたえず油断なくやってきた。どのぐらい時間をつぶさなければいけないかとか、夕食まで、または寝るまでどのぐらい時間があるかとか。でも、ここでは違うリズムで時が刻まれているので、一時間の散歩がずっと長く感じられる。

夕食は自分でつくる。いつも町では家の下の食堂で買った一皿を食べるか、またはツナのオイル漬けの缶詰とフォークだけですましている。だがここでは、手の込んだほんとうの食事をつくろうと決めている。皿に鶏の腿肉を置き、タイム、ニンニク、塩、レモンで味つけしてオーブンに入れる。厚手の黄色い皿にほっそりした透明のグラスという食器が気に入っている。友人たちの本に興味を引かれて、彼らが町で行ったいろいろな展覧会のカタログを眺め、旅の友として家からもってきた本は無視する。他人の一部に包まれているときはいつも気分がいい。

夕食後は火の燃える暖炉の前で読書し、少しうたた寝をし、友人たちの音楽を聴き、一年前の雑誌をパラパラめくる。低い天井の下にシングルベッドのある、友だちの娘のこぢんまりした部屋を寝室にする。彼女のトレーナー数枚と水着を入れた籠が、羽毛布団といっしょにクローゼットの中に入っているのが見える。わたしは天蓋つきの黒っぽく重々しい木のダブルベッドより、こういう隅っこの隠れ場のほうが好きだ。

二日目はもっと寒くなり、麦畑を横切っているとき、足の下がぜんぜんへこまないほど地面が固くなっている。今日は散歩のあいだじゅう風が吹いていて、遠くの家々の明かりを見て悲しくなる。帰り道では、誰も知らないこの場所に一人でいるのが少しつらく感じる。

家に入るまえ、小道の上に何かあるのが見える。小さくて灰色の動物だ。死んでいるとわかり、わたしの体もこわばる。ネズミだ。すぐに目をそらすが、もうぜんぶ見えてしまった。曲がった細い尻尾、濃く柔らかい毛。だが、いちばん気持ちが悪いのは頭が切り取られてなくなっていることだ。でも、どうやって？　なぜ？　ほかの動物の仕業？　それとも凶暴な鳥？　首のない死体というと、吐き気を催すものなのに、イチジクのことを思ってしまう。そして、その凍りつく空気のなかで、わたしは真夏に味わうあのフルーツの、甘く生暖かい果肉の鮮やかな赤色を思い浮かべている。

その動物はもう動かないが、わたしのなかでは何もかもぐるぐるまわっている。死体はもう何もすることができないが、わたしを心の底まで動揺させる。この場所で、この瞬間まで満喫していた幸せな気分を、あっという間にずたずたに引き裂いてしまう。

切り口がこんなに鮮やかなのはどうしてだろうと思う。まるでナイフの刃で首を切られたかのようだ。こんなにみごとに食いちぎる牙をもつ動物がうろついているのだろうか？　どうして頭だけを取ってほかは残していったのだろう？　だが何よりも、わたしがこんな極端な反応をするのはなぜなのかと思う。死んだちっぽけな動物の前にいる、ただそれだけのことだ。夕べはのんびりと鶏の腿肉にオイルを塗っていた。死んだ動物の生の肉にまったく心は動かなかったし、皿のあちこちについた血の染みはごく普通のことだった。

死体を見たくも触りたくもない。ただ、そこを離れてその姿を頭から消し去ってしまいたい。車に乗って町へ帰ってしまおうかと思う。けれども、わたしが始末しなければいけない。助けてくれる人は一人もいないし、この大仕事に立ち向かうために庭師を呼ぶのは情けない気がする。横を向いたまま急いで動物をまたぐ。生き返るのではないかというばかげた不安で押しつぶされそうになる。そして――もっとばかげたことに――わたしを捕まえ、押さえつけ、殺すのではないかという不安で。

何かかぶせる物はないか家で探す。湯むきトマトの缶を見つけ、なかを空にしてよく洗う。それから、缶の下に差し込んで死体を掬うための薄くて平らな物がいる。厚紙の箱を見つけ、ハサミで四角に切る。これが手順だ。それでも勇気が出ないので、家に残って熱い紅茶をいれる。この小さな仕事のことでわたしはうろたえ、とても弱い人間だと感じる。

少したってから、手に缶と厚紙をもって外へ出る。ポリバケツを引っ張り出し、あらかじめなかにゴミ袋を広げておく。横を向いたまま、おそるおそる死体に缶をかぶせる。もう生きていないのに、わたしは汗をかき、心臓はどきどきし、手は震えている。覆ってしまうと、この小さな生き物がわたしを煩わす力は弱まる。膝をつき、厚紙をゆっくりと彼の下に差し込んでいくが、すぐに少し抵抗を感じる。厚紙の上に生き物をうまく掬えるように、慎重に少しずつ押しつづけなくては。缶をぜったいに見ないでやりとげる。

道具を手にもったまま立ち上がる。死体の重さ、気分の滅入るその数百グラムを何秒間か意識する。死体がどうやってなかに入ったかはっきり理解する。急ごしらえの棺をポリバケツに運び、広げてある袋に投げ込んで、そして閉める。死体は姿を消すが、小道にもどると、作業中に体から流れた血の染みが見える。

その夜、幸運にも雨が降り、翌日には太陽のおかげで染みも消える。だが、殺されたばかりの首のないかわいそうなそのネズミから、真夏のイチジクの赤い果肉の味と口に広がる生暖かさをやはり思い出してしまう。

ベッドで

夜ベッドで本を読んでいると、家の下を疾走する車の轟音が聞こえる。彼らの往来がだんだんわたしの固定観念のようになってきている。とにかく、この騒音を聞きながらでないと眠れなくなっている。そして目を覚ますと——それはいつも真夜中の同じ時刻だ——、あまりにも静かでない。眠気が吹き飛んでしまう。その時間に車は一台も道を走っていないし、どこかへ行く人も誰もいない。眠気はだんだん消えていき、ついにはわたしから離れていく。誰でもいい、誰かが現れるのを待ちつづける。その真っ暗な時間に頭を占めるのは、暗く明晰でもある考えばかりだ。静けさが黒い空といっしょにわたしを押さえつけている。明け方の光がその考えを薄め、人生の仲間たちが家の下を通る音が再び聞こえてくるまで。

電話で

今日、恋人から何度も電話がかかってくる。彼がまちがえてどこかのボタンを押してしまい、知らないうちにわたしにつながってしまうのだ。携帯の画面に現れる彼の番号を見て、もしもしと言って電話に出ると、彼はエネルギッシュに話しているが、わたしに向かってではない。昼食中、レストランで今日のおすすめ料理を注文中、道を歩行中、仕事中の彼の声を聞く。落ち着きのない彼の声が耳に届く。声は遠いが聞き分けられる。いるような、いないような。話したり笑ったりしている。本人は気づかないまま、このすべてをわたしと分かちあっている。

わたしは家にいて、何も予定はない。秋のその時期はまだ煖房がついていないので、一日じゅう寒い。だから厚いセーターを着て、お茶を飲むためにほとんど一時間おきに少しお湯を沸かす。ベッドに入っても、羽毛布団を掛けていても、シーツはまったく熱を伝えてくれず、素足の下に懲罰用の板があるようだ。

着信音が鳴るたびに、今度はほんとうにわたしを探しているのだろうと思って電話に出る。でも、彼が呼んでいるのはわたしではなく、わたしのあいさつは聞こえない。わたしたちが不本意ながら接触を繰り返していることにも気がつかない。

いったい誰と話しているのだろう？　どこで？　わたしには見当がつかない。オフィスなのか、バールなのか、地下鉄のホームなのか、まったくわからない。それなのに、電話がかかってくるたびに裏切られた気がする。この知らないうちの接触でわたしは傷つき、いつも以上に一人ぼっちだと感じる。

午後遅くになって、また携帯電話が鳴る。彼だ。電話に出ると、彼は甘い声であいさつをする。

「やあ、しばらく」

「こんにちは。どんな一日だった？」

「もううんざりだよ。ずっとオフィスで、昼休みもないし、何もかも大急ぎ。きみは？」

「わたしも退屈な一日だった」

「それじゃあ、食事に行こうか？」

「今夜はその気分じゃないの」

「どうして？」

「頭痛が治まらなくて」と答える。そして、電話を切り、おなかがすいたので、一人で夕食を取りに家を出る。空気は肌を刺さず、家の中のほうが外より寒いことに気がつく。

日陰で

きのう、時計の針が一時間もどり、今日は家への帰りに橋を渡っていると、もう暗くなっている。光にあふれたある午後のことを思う。猫の額ほどの焼けた砂浜の上に並ぶビーチパラソルはもうぜんぶ使用中で、村全体が水の中にあるように見えた。

わたしは結婚式でそこに来ていた。つぎの日、家に帰るのをやめて滞在を延ばし、その海を少しだけ楽しんでいた。わたしにはそうする必要があった。ビーチタオルも日焼け止めクリームももっていなかったし、実際には、砂浜は黒く尖った二つの帯状の岩場に挟まれていて、部屋のように狭く、快適とは言えなかったのだけれど。海は荒れていて、白い泡で目がくらみそうだった。わたしの前には、子どもたちに囲まれた、髪が黒く小柄でがっしりした母親がいた。子どもは少なくとも四人いて、腕に抱かれた裸の男の子と、母親同様かわいいけれど、まだ生活疲れの見えない女の子のことをいまでも覚えている。父親はいなかったけれど、母親が雑踏のなかでもびくともしない大黒柱だった。子どもたちも荒れた海で安心して遊んでいて、いいタイミングを見つけては勇敢に波に飛び込んでいた。一方、わたしは波の激しく砕ける音に気後れしてしまい、その不安定な一線を越えて海に入り、のんびり泳ぐことができずにいた。

わたしはぼうっとした裸の人であふれる浜辺にもどり、並んでいるデッキチェアのあいだに何とか場所を見つけた。太陽の衝撃はすさまじく、ほんとうに死ぬかと思ったほどだった。ただその光をブロックしたい、さもなければ、大海原に浮かぶ岩礁にしがみつくように、どんなに小さい染みのようなところでもいいから、日陰に入りたいと思った。そこで、わたしの悩みなどにはまったく無頓着に眠っているべつの女性のほうへ少しずつ移動していった。一方に曲げた頭、閉じた目、ほどけた水着の赤い紐、その人の体全体がうらやましくなるほど周囲との調和を醸し出していた。わたしにはその人のような安らぎが欠けていたが、近くにいることで少しは気分が楽になり、悪いとは思いながら、その他人の陰のなかでわたしも少し眠ってしまった。

目を覚ますと、女性が寝ていたデッキチェアは空いていたが、日が沈んですぐの空に鉛色が広がっているのを見て、もの悲しい気分になった。

みんなを覆うその日陰は救いというよりは敗北だった。考えてみれば、海には耐えるべき、または乗り越えるべき恐ろしい要素がつねにあり、それは望まれるにしても嫌われるにしても、危険な要素であることに変わりはないのだから。

誰かの陰にいるということは、わたしにも大いに関係がある。自分より優秀な兄弟も、美人の姉妹もいないとはいっても。

誰もこの季節の情け容赦ない日陰や自分の家族の陰から逃れることはできない。それでも、わたしには優しく守ってくれる誰かの陰がないのが寂しい。

冬に

町の若者たちがみんなヴァカンスにでかけている年末、友人とその子どもたち——男の子と女の子——といっしょに城を見にいくドライブに誘われる。運転するのは彼、橋と喧嘩とスーパーの彼だ。女友だちも行くはずだったが、ひどい風邪を引いてしまい、ぎりぎりになってあきらめた。だから、一日だけわたしが彼女の代わりをする。

町にもどる途中、脚の痺れを直すため、人気のない村で一休みする。彼は崖の前に車を停める。わたしたちは車を降り、少しでも日の当たる場所を求めて狭い道を進む。箒を手にしたご婦人が公共の空間である広場——交差した二本の旗ととても小さい噴水——を、まるで自分の家の居間のように掃除している。

わたしたちは少し散歩し、子どもたちは前を走っていく。野原の上にそびえるりっぱな屋敷の前に出る。彫像の台座に刻まれた一族の名を読む。正面の壁は石造りだが、あせたピンクと黄色とオレンジ色が混じった強烈な色で、そこに街灯が影を落としている。午後のことで、ほとんど人がいないいらしい村は胸を刺すような光の中で溺れている。ビュービュー音を立てる風に身をかがめていると、目には涙がたまってくる。坂の上に教会が見え、クリスマス・ツリー代わりのオリーヴの古木がきらきら光る赤い玉で飾られている。上ればば上るほど風は強くなり、寒さがこたえる。わたしたちは何もない広々とした空間にまわりを囲まれている。

一本の道にわたしたちは興味を引かれる。実際にはそれは袋小路で、三つか四つの建物に通じる中庭のようなものだ。もしかすると、三つか四つの独立した入口をもつ一つの建物かもしれない。その空間は閉ざされていてとても暗く、目が慣れるのに苦労するが、レンガ造りのアーチにつながる手摺りのない階段や、閉じられたままの壊れた扉が少しずつ見えてくる。扉のいくつかの隙間を通して冬の夕暮れがやってくる。その趣はすばらしく、生き物のように光がきらめく洞窟さながらだ。

半ば閉ざされた穴蔵のような場所に入ったとたん、わたしはそこでの生活を夢見る。あらゆるものから離れたその隠れ家で暮らしたいものだと思う。彼はとなりにいて、わたしたちはいっしょに息をのんでいる。引き返そうとして彼は振り返り、わたしを見る。「魅力的だ」と言う。その言葉で心が熱くなるが、わたしのことを言っているのか、それとも空間のことなのかはわからない。彼は謎めいた人物で、それに今日は、その気になればロマンチックにもなる市外へのドライブだというのに、二人のあいだにはあまりときめきがないように思う。

女の子が熱いココアを飲みたがるので、わたしたちは村のほうへ下っていき、開いているバールがどこにあるかたずねる。あの箒をもったご婦人が「あそこで聞いて」と言うので、奇跡的に開いていて、なかにお客がたくさんいる床屋の店の前まで行く。「三百メートルぐらい行った坂のてっぺんにあるよ」と石鹸の泡だらけの顔で肘掛け椅子に横になっている紳士が言う。

坂のてっぺんに行くと、残念ながらバールは閉まっていて、まだ冬のために取り外していない日よけシェードがバタバタ大きな音を立てている。

崖の前に停めておいた車にもどる。彼がエンジンをかけ、バックのギアを入れているあいだ、わたしは不安を感じている。わたしたちとその危険な場所のあいだにある低いセメントの壁も、彼のハンドル操作も信用できず、底知れぬ谷底を前にした車の、その傾きの大きさだけを感じている。そんな心配をよそに、わたしたちは後ろ向きに上っていく。車はうなり、重力に逆らってそこから離れ、清潔に保たれた小さい広場とわたしが魅了された静かな洞窟のあるその村をあとにする。今晩あの紳士は髭を剃りたてで夕食をとるのだろう。熱いココアはなく、げんなりする車の煖房だけだ。ずっと鼻歌を歌っていた女の子を除いて、みんな黙りこくったまま家に着く。

文房具店で

わたしのお気に入りの文房具店は町の中心部の、とても人通りの多い二本の道の交差点の古い建物にある。年末には新しい手帳を買いにいく。それはわたしの好きな買い物で、年中行事のようになっている。実際には、ほとんど毎週のように立ち寄っていて、クリアファイル、箱に入った糊つき付箋紙、何も消したことのない新しい消しゴムなどを買うのを楽しみにしている。色とりどりのノートから選んだり、知らない人たちの無数のサインや大急ぎの荒っぽい殴り書きで塗りつぶされた紙切れに、いろいろなペンのインクを試し書きしたりする。家のプリンターのスペアインクや、わたしの存在の痕跡である文書——手紙、領収書、メモ——を整理するさまざまな箱を見せてもらう。とくに必要なものがないときでも、ショーウィンドーの前でちょっと立ち止まり、リュックサック、鋏、画鋲、糊、セロファンテープなどが美しく並べられ、いつもお祭り気分のディスプレイに見とれてしまう。そこには、罫線のあるものやないものや、いっぱい書き込んでみたくなる大量のノートが並んでいて、なかには特殊で無愛想な収支計算用のものまである。絵心はないけれど、クリーム色の厚紙を手で綴じたスケッチ用アルバムがほしくなってしまう。

なかにいる店員を観察する。あまり艶のない黒髪の太った母親はレジに座り、父親は、高価な宝石のようにガラス棚に入れられた万年筆と、貴重な香水のように見えるインク瓶の担当だ。両親は黒い服を着た背高のっぽの息子とよく話をしている。彼は階段をあっというまに駆け上がり、いろいろな商品を取ってくる。家族は活発で筋の通った議論を交わしているが、それが彼らの心を通わせるやり方なのだろう。彼らは、母親がいつも拾い読みしている新聞に載った市内のばかげたスキャンダルや、自分たちが絶対に行くことのない外国の騒乱についてあれこれ批評している。

わたしは母親にとくに親しみを感じている。あるとき、店にサングラスを置き忘れたのではないかと思ったことがあった。急いでもどり、サングラスが見つからないことを話すと、彼女はすぐレジから降りてきてくれた。そして二人でいっしょに、棚の前でいちいち止まっては、わたしの歩いたとおりに店内をゆっくりと一周した。その日わたしはいろいろなものを買っていたが、彼女は買ったものを一つ残らず記憶していて、何も聞かずに案内してくれた。

「ここには見当たらないわね」探し終わると彼女はこう言い、それからわたしをじっと見て、サングラスがコートの襟に引っかかってスカーフの内側にコウモリのようにぶら下がっていることを教えてくれた。

昔からその文房具店はわたしの拠り所だった。子どものころは学校で使うものを何でもそこで買い、つぎは大学で、そしていまは教職に必要なものを買っている。どの買い物も本来の機能を果たしてくれるのはもちろん、わたしを幸せな気分にしてくれる。わたしの存在の証となってくれる。

ところが今日行ってみると、ショーウィンドーにはハードタイプのスーツケースばかりが並んでいる。短い旅行用の機内に持ち込める小さいモデルには、とくに捨て値がつけられている。店内の高い棚が取り除かれ、真ん中には、大小のスーツケースがブランドや色別にまとめられて置いてある。といっても、見栄えがよくなったどころか、見るに堪えないように思える。天井が高く、気持ちのいい大きさの空間なのに、特色のないつまらない店になってしまった。誰も受け取りに来ないまま放置された荷物がベルトコンベアに乗せられている、空港の雑然とした区域のようだ。

大量の新しいスーツケースを目にするのが悲しくてたまらない。どれも空っぽのまま旅行者、さまざまな重い中身、行き先を待っている。ほかの商品はなく、あるのはただスーツケースだけだ、と思ったら、入口のところに大小の傘がたくさんあるのが見える。どれも粗悪品で、土砂降りの雨に降られて絶望した観光客を待っている。嵐が過ぎれば、傷ついた鷺のように、ほとんどいつもすぐに捨てられてしまう不幸な傘たちだ。

前の一家はこの店の経営をやめてしまい、もう姿が見えない。いるのは端整な顔立ちの憂鬱そうな若者が一人だけで、ウィンドーを通して外を眺め、ぼんやりと人や車の行き来を見守っている。なかに入って、あの一家がどこへ行ったのか聞いてみたい気がする。倒産したのか、屈辱的な立ち退きなのか、嫌な思いをしたのだろうかと考える。でも、その移民の若者のせいではない。彼は生活の糧を得るためにそこにいるのだ。とても残念ではあるけれど、お気に入りの文房具店がなくなってしまったことは驚きではない。このあたりの家賃は途方もなく高いはずだし、それに結局のところ、誰があの店に行って、誰があの大量のノートを買っただろうか？　わたしの学生はほとんど手で字が書けないも同然で、情報を得たり外国旅行をしたりするのに、キーを押すだけでこと足りている。彼らの考えはスクリーン上に現れ、誰にでも利用可能な架空の雲の中に宿っている。

カップルが入っていく。若い恋人同士で体を寄せあっている。どんなばかげた行為も魅力的に見えてしまう、あのいちばん高揚した時期の二人だ。この二人は店に入って戸惑ったりしない。それどころか、まさしく探し求めていた場所らしい。スーツケースの迷宮で楽しんでいる様子が見える。色鮮やかなモデルの裏地のあるものやないものを開けたり閉めたりし、留め金を引っ張ったり、固いプラスティックのボディをたたいたりしている。二人いっしょに旅行するのは初めてなのだろう。最初で最後かも？　ホテルに三日泊まってから、ほんとうは愛しあっていないことに気づいたりするのだろうか？　それとも、カップルとしていま以上の調和に到達するのだろうか？　こんなことを考えているうちに、わたしにはその大量のスーツケースが一瞬巨大な本のように思える。怪物や巨人や愚か者のための図書館の、タイトルも意味もない膨れあがった書物。

彼女は紫色のスーツケースを選び、彼は鮮やかな黄色のを選ぶ。男のほうが支払をすませ、すぐにいくつかの袋と、じゃまになったジャケットとスカーフを自分たちのスーツケースに入れてみている。朝はちょっと涼しかったが急に暑くなり、道行く人たちはみんな重ね着していた服を脱ぎはじめているのだ。いっしょの冒険に興奮した二人は大満足で店を出て、疑いようのない喜びをスーツケースの四つの車輪に乗せ、町のでこぼこだらけの敷石の上をさっそうと進んでいく。

夜明けに

わたしが住んでいる建物の屋根に上れば、日が昇るのが見られる。普段わたしはとても面倒くさがりで、ベッドのぬくもりから離れるのが嫌なので、早起きして着替えて、間に合うように準備することがなかなかできない。冬は一日の始まりが遅いので、ほかの季節よりは日の出を見にいくことが多い。パジャマの上に急いでコートを羽織り、マフラーとブーツを身につけてエレベーターに乗り、建物のほかの住人たちのテーブルクロス、タオル、ジャージ、ショーツなどの洗濯物が干してあるあいだに腰を下ろす。正面の丘の起伏の多い輪郭の一部が金色にくっきりと染まるのを待つ。すべてはわずか数秒のあいだに起こる。卵の黄身のようにまんまるで光り輝く球体が姿を現し、光が解き放たれる。整然と上昇し、昇るにつれて色が白くなっていく。太陽は一ミリも動いてなどいなくて、目の錯覚、幻想だとわかってはいるのだけれど。目が痛くて見ていられなくなるまで眺めている。
痛みを感じるのは目だけではなく、夜明けはわたしの心も締めつける。町に照りつける光が、顔を打つだけでなく骨の髄まで暖めるのを感じる。太陽が高く昇るにつれて、わたしの視線はほかの住人たちの乾いて固くなった使い古しの衣類と交差する。無精のせいで普段この日々の現象を楽しめないでいることを悔いながら、また毎日こんな風に朝を迎えるのがわたしには大変すぎることも知りながら、まぶたを通して光だけを見ようと目を閉じる。目がくらむと同時にぐったりして、蔵書に下線を引いておいたある偉大な作家の言葉を思い出す。「しばらくして、恐れおののいたわたしは、燃え上がる炎を逃れて物陰に隠れる。その炎はわたしを飲み尽くし、捕らえ、この大地のより小さい要素、虫や植物に変えてしまうのではないかと思う。……何も考えることができない。何もかも無駄に思える。人生はきわめて容易なものに見え、もう誰も気遣ってくれないとしても、誰も手紙をくれないとしてもかまわないと思う」* わたしも同じように消耗しきって家にもどり、普段どおりの一日の始まりにこの文を書いている。

*原註　コッラード・アルヴァーロ作『海』より。ジェーノ・パンパローニ編、ボンピアーニ社、ミラノ、一九九四年

自分のなかで

わたしにいつも足りなかったのは前に踏み出す力だ。子どものころから敏捷性に欠けていて、学校では体が硬直して動かせなかった。三十分間、外で遊ぶことになっていた。ほとんどの生徒にとって、それは最高に幸せな時間だったけれど、わたしには拷問だった。耳をつんざくような叫び声や自然にあふれ出る熱狂が大嫌いだった。そのころ女の子たちとしていたのは、森の木が伐採された一角の切り株から切り株へ、それが丸い小島の集まりであるかのように飛び移るという遊びだった。切り株の背は低く、お尻に届く程度だったけれど、よじ登るのが嫌でしかたがなく、上に立つと脚が震えた。ほかの子たちが、枝から枝へ小鳥が飛び移るように、切り株から切り株へと楽し気に難なく動きまわっているのに、わたしときたら、とてつもない努力をして、そのなんでもない空間を無様な格好で慎重に越えようとしている。そのことに屈辱を感じていた。

彼らの軽々とした足取りがうらやましかった。いまになってみれば、自分が頑固でかつ臆病だったのだと合点が行く。文句を言わず、ほかの子たちのあとをずっとついていき、切り株に登り、ためらいながら、飛び越える。切り株のあいだの空間はどれも深い淵のように思え、落ちる恐怖にさいなまれていた。一度も落ちたことはなかったのだけれど。

彼の家で

彼の子どもたちといっしょにドライブに行ってから、少し精神的に不安定になっている気がする。もう一歩先へ進みたいと願い、彼の笑い方、思わず漏らすかわいらしい声、手首や手のあちこちに生えている毛、ときどき送ってくれるおもしろいメッセージのことばかり思う。待っているのに連絡は来ないし、道でも長いこと会っていない。するとある日、電話が鳴る。彼だ。そのまちがえようのない名前が画面にあることすら無遠慮な行為のように思えてしまう。わたしの友だちはオフィスにいるだろうし、子どもたちは学校だ。わたしにどんな申し出をするつもりなのだろう？　バールで温かい料理？

ところが、声を聞いて何かが起こったのだとわかる。大急ぎでぜんぶ説明してくれるところによると、友だちのお父さんが脳卒中で倒れ、残念ながら病状は深刻だという。夜明けに電話があり、犬と家をほったらかしにして家族みんなで駆けつけた。鍵は角のバールの主人がもっている。すぐ家を出る。犬は散歩に連れていく必要がある。彼らの家に一人でいるのは初めてだ。普段は食事の準備ができたテーブル、客用のトイレ、調理に忙しいキッチンしか知らない。ところが今朝は、夜明けに呼ばれて慌てて出発したはずなのに、何もかもきちんと片づけられているように見える。食洗機の中の皿はきれいで、洗っていないのはレンジの上のコーヒーメーカーだけだ。あと、砂糖が少しこぼれているのに気がつく。

二つの寝室を見る。白い麻のカーテンがかかった飾り気のない明るい部屋が彼とわたしの女友だちの寝室で、そのとなりの二段ベッドのあるもっと狭い部屋には、おもちゃがいっぱいだ。とはいえ、目を覆いたくなるような大混乱はそこにもまったく見られない。廊下の壁には、彼ら二人の写真、子どもたちの写真、四人全員の写真があり、海や外国で子どもを膝に抱いた家族の姿を垣間見ることができる。いくつかのブラインドを下ろし、ガス栓を閉め、ベッドにカバーをかける。ゴミ袋を閉じる。これこそが二人の人間が愛しあって二人の子どもをつくるという、平凡でありながら唯一無二の道筋をたどってきた家族のプライベートな形態なのだ。わたしは家族がいかに巧妙な有機体であり、他人を寄せつけない集合体であるかを一瞬のうちに理解する。

ドアの横にリードがあるのを見つけ、犬を連れて外へ出る。ポリ袋をポケットに入れ、わたしの家の裏のお屋敷まで散歩に連れていく。汚れた噴水や苔と地衣類であばた面になった彫像のあいだを縫い、表皮が硬化したシュロの下を歩く。

おとなしい犬で、すぐにわたしを信頼してくれる。吠えずにガイド役を務めてくれる。首輪のまわりの鑑札がカチャカチャ鳴るのがいい気分だ。彼は噴水の水を飲もうとして、脚で頭蓋骨を踏みつけているスフィンクスの前で足を止め、物憂げにりんごを飲み込んでいるもう一人のスフィンクスの前でまた立ち止まる。

友だちのお父さんを埋葬してみんながもどってくるまでの三日間、一日に三回、わたしたちは同じコースを散歩する。わたしは犬に愛着を感じる。そのいつも警戒を怠らない耳、敏捷な足の運び、つねに何かを求めている鼻に。わたしたちの歩く距離は彼に引っ張られてだんだん長くなる。それでもリードをもっているのはわたしだ。わたしの片思いが終わり、存在しないわたしたちの恋愛関係を慕わしく感じなくなるまで、一歩一歩すべてが危険から遠ざかるのに必要なのだ。

バールで

「何かニュースでも？」と行きつけのバールの主人がたずねる。

「しばらくよそへ行くことになるかも」

「というと？」

「まだ行ったことのない国の奨学金をもらうことになったの」

「そこで何をするんだね？」

「朝は一人で仕事をして、それから一日に二回、昼食と夕食に集まって、ほかの研究者たちといっしょに長いテーブルで食事をして、知りあいになって意見交換するの」

「悪くないね。期間は？」

「一年の予定」

「迷ってるのかい？」

「この町を離れたことがないから」

「この町は居心地がいいからね」

コーヒーを飲んでから、誰かが置いていった新聞をぼんやりめくっていると、紙面の下のほうに載っている顔にふと目が行く。その豊かな巻き毛、澄んだ大きな目、スリムな顔立ち、あのひどいホテルでわたしのとなりだった哲学者だ。彼ならまちがいなくこういう種類の仕事をたくさん引き受けてきただろう。幸先がよさそうだ。

彼にまた会えたらうれしい。彼といっしょにエレベーターを上ったり下りたりしたこと、わたしたちの暗黙の了解を思い出す。いつも彼の本を読んでみたいと思っている。

どこの国かわからない外国語で、電話で熱心に話していたのを思い出す。写真に写っているのは、退屈な会議に耐えていた、あの誠実で、辛辣でもあり、どこか抜け目のなさそうな顔だ。ぼんやりしたようで鋭くもある大きな目は、わたしの脳裏にいまも鮮明に焼きついている。

写真の下には一段だけの文章がある。彼についての記事で、新しい本の書評らしい。長い闘病生活ののち、と書いてある。わたしはそのことにまったく気がつかなかった。

目覚めに

今日は目が覚めてもすぐには起き上がらない。バスルームへ体重を量りにも行かないし、コーヒーを沸かす前にコップ一杯のぬるま湯を飲むためにキッチンへも行かない。今日、町はわたしにあいさつをしてくれないし、肩入れしてもくれない。たぶん、わたしが逃げようとしていることをもう知っているのだろう。あらゆる希望を奪う色あせた太陽とよどんだ空を見る。わたしを連れ去ろうとしているのと同じ空だ。そこは蒸気に包まれた広大な領域で、道はなく、すべての人を結びつけている。だが、わたしたちのどんな足跡も拒む。海とは違い、空はそこを横切る旅人を引き留めない。なかに何も含まず、わたしたちのことなどおかまいなしだ。どんな定義づけも拒む。絶え間なく変化し、突然姿を変える。

今朝はこの家、この地区、この都市の殻から出ていくのが怖い。といっても、もう片脚は外に出てしまっている。前は文房具店だった店で買ったスーツケースにもう荷物はまとめてあり、あとは南京錠をかけるだけだ。家をまた貸しする人に鍵は渡してあり、植物にどれくらいの間隔で水をやってほしいとか、フランス窓の取っ手がぐらぐらしやすいこととかの説明もしてある。一つのクローゼットは空にして、もう一つには取っておくものをぜんぶ入れて鍵をかけた。といっても、ノート、手紙、何枚かの写真と書類、細々と記した備忘録など、ほんのわずかだ。ほかのものはどうでもいい。ただ、わたしのカップ、皿や鉢、フォーク、ナプキンは初めてほかの人に使われることになる。

きのうは友だちの家で夕食会をして、旅と向こうの生活がうまくいくようみんなで祈ってくれた。がんばれと言って抱きしめてくれた。

彼は用事でいなかった。それでも楽しいひとときで、真夜中を過ぎてもまだテーブルを囲んでいた。

こんなことを思う。この空とつながってはいるにしても、とにかく新しい空がわたしを待っている。いろいろな意味ですばらしい生活になるだろう。たとえば、一年間は買い物も料理も皿洗いもしなくていい。それに、一人ぼっちで夕食を取ることなど一晩もないだろう。

辞退して、ここに釘づけになっていることもできた。でも、犬がお屋敷の長い小道を引っ張って歩いてくれたように、何かがいまの生活の鎧の外へわたしを押し出そうとしている。衝動に従おう。わたしはこの場所の気質、息づかいを知りすぎている。それなのに今日は、消えることを拒んでいる心の奥底のいろいろな感情にとらわれ、何もやる気が起こらない。

母の家で

日曜日には月に二回、昼食をとってから電車に乗る。毎回、角を曲がったところのクッキー屋でラングドシャの小さい包みを買い、いつ割れるかしれないけれど、お土産にもっていく。元日の今日も一箱もっていく。

空は曇っている。昨夜は花火のあと雨が降った。電車の窓からは、なだらかな広い谷間に張りついたように動かない羊の群れが見える。駅に着き、村へ登るバスに乗る。いまではもう運転手とは顔なじみになっている。無遠慮な男で、いろいろうるさく言ってくるが、迷惑どころか、わたしはいつも愉快な会話を楽しみにしている。

今日はこんなことを言う。「奥さん、今日は輝いてますね。ご主人がトトカルチョを当てたんでしょ。でも、絶対に白状はしませんよね、そうでしょう？ 心からお祝いを言わせてもらいますよ」

バスは塀沿いに走り、音を立てて揺れる。乗客はわたし一人だ。母が老後を過ごすと決めた広場で下りる。薬局のある建物の三階に住んでいる。ヘルパーが戸を開けてくれ、わたしと入れ違いに帰っていく。

母はテレビの前の肘掛け椅子に座っている。もう着替えはすましてあり、ますます痩せて小さくなったようで、去年わたしがプレゼントしたワイン色のセーターがだぶだぶだ。服は体にわずかに触れているだけで、長すぎる袖が手の一部を覆っている。わたしを見てもにこりともしない。ぼんやりしているようだけれど、目はきらきらとして心配そうだ。

「新年おめでとう、ママ」

「来たね」

額にキスして紅茶のお湯を沸かす。わたしがクッキーとティーポットを準備しているあいだ、母は具合の悪いところを数え上げている。背中の下のほうに最近感じるようになった重苦しさ、とぎれとぎれの手首の激痛、不眠、最後の血液検査の——まあ正常な——結果。母の不定愁訴を聞きながら、彼女より若く活動的で、まずまず健康といえるわたしは、母の体の不調をすべて解決し、衰えの兆候を取り除き、やつれた顔に元気を回復させなければという義務感から、たちまち落ち込んで打ちのめされた気分になる。呼吸し、消化し、排泄し、のろのろと動きつづけているその脆弱な体は、もはや非常に複雑で欠陥のある機械装置のようなものだ。そう思うと、愕然とすると同時に驚嘆してしまう。

母がわたしにこんなことを話すのは、こう言いたいからなのだと思う。ごらん、わたしは具合の悪いところだらけで、危ないんだよ。つまり、いつ重体になるか、いつ死ぬかわからないんだよ。最悪の事態を覚悟しておいて、と母はわたしと会うたびに言う。

だが、ほんとうにこう言っているのだろうか？　わたしを驚かせ、心配させたいのだろうか？　たぶんわたしの解釈、予測にすぎないのだろう。どうしてわたしはこの新しい情報、事実に悩まされるのだろう？　どうしてパニックを起こしてしまうのだろう？　子どものころ、切り株の上や絶壁の前で動けなくなってしまったときのように、また瀬戸際に立たされている。自分が悪い娘で、軽率で感情が激しすぎると感じる。ところが、彼女は取り乱すことなく穏やかに話をつづけ、非難したり声を荒らげたりしない。自分のことを話すだけで、わたしを批判したりしない。いまでは口数も少なくなっているが、わたしと同じ年だったころはよく癇癪を起こしていた。夏などは、近所に聞こえるといけないので、窓を閉めてその怒りを家の中に閉じ込めようとしたことを覚えている。

ラングドシャを小皿に出し、カップとミルクと子どものころから知っている陶器の砂糖壺を並べる。二人でおやつを食べる。母はわたしのこと、わたしの計画や町の生活についてたずねたりしない。天気やニュースの話をして、いっしょにテレビを見る。それから、近所の人たちの災難のことを話してくれる。年寄りの婦人たちのところへ日曜日に孫たちが遊びにくるのだそうだ。気をつけていないと、母の悲しい気持ちがわたしの心と混ざりあってしまう。

わたしが孤独な生き方を選んだことをどう思っているのだろう？　孫や面倒見のいい婿がいたら喜んだだろうか？　何か違うことを期待していたはずだと思う。

いつもは適当なところで家を出て、いっしょに少し散歩をする。彼女の手のつなぎ方が不自然で落ち着かないので、その姿勢でいるとちょっといらいらする。ところが、今日は外出する気分にならないようだ。疲れていて、空気を冷たく感じるらしい。このように弱々しい母を見ると心が痛む。

帰るまえに彼女に言う。「ママ、しばらく会えなくなるわ」

「どこへ行くの？」

「外国へ。仕事なの」

「それなら行かなきゃね」

「電話するわ」

苛立ってはいない。「どれくらい遠いの？」とだけ聞く。

「国境の向こう」

「会いにいけたらいいけど」

まだわかっていないようだ。それから、目をきらきらさせたままひと息に言う。「家が変わるとね、かならず何かなくなるんだよ。引っ越しのたびに裏切られたり騙されたり。わたしなんか、いまも探しているものがある。母さんのものだったブローチとか、高いものじゃないけど、大事にしてたのに。それから、古い住所録。もう役には立たないんだけど、ときどきページをめくってみるのが好きだったのに。切符とか、レシートとか、つきあいはじめる前のあんたのお父さんの若いころの小さい写真なんかが挟んであって。とてもハンサムだったんだよ。いくら探したって見つからないんだけどね。たまに家じゅう探しまわるんだよ。もう千回も探したどこかの引き出しのなかとか、物置の箱の底なんかで見つかるんじゃないかと思って。絶対どこかにあるはずなんだよ。盗まれたジュエリーもそう。あんた、覚えてる？　よく冬にしてた、ちょっと派手で緑の宝石がついた金の指輪のこと。まだ若くて生活が大変だったころ、馬鹿だったねえ、人目につくところに置き忘れちゃったんだよ。まえはあの指輪をなくしたことが悔しくて、気が狂いそうだったけど、いまはあきらめてるわ。どっちにしても誰かほかの人の指に収まってるだろうし、どこかずっと遠くの国で売られているかもしれないと思って。もしかしたらあんたが行く国かもね。もう自分のものじゃないけど、とにかくどこかにあるってこと」

このとき、わたしをじっと見ていた目が、部屋のほうを向いた。

「あの住所録、どこにあるんだろうねえ？」

「さあね、ママ。どこかにあるでしょ」

「そうかね？　今度来るとき、またこれをもってきて。気に入ってるから」と言ってラングドシャを二つに割る。

駅で

家に帰る電車を待ちながら、駅のバールでコーヒーを頼む。穏やかで礼儀正しい夫婦の店だ。主人は太い眉と同じ灰色の、厚手のすてきなセーターを着ている。いつもほっそりした奥さんは流行遅れのアップの髪に細い鎖のついた眼鏡をして、年のわりに若く見える。夫婦になって半世紀で、カウンターの後ろの棚には、たくさんのボトルのあいだに、金婚式にもらったお祝いのカードが置いてある。

奥さんはコーヒーをいれ、泡立てた生クリームを出してくれる。温かいパニーノも頼む。それでも、空しい気持ちを埋めることはできない。体の衰えた母に会うといつでもこうだ。一つのメタファーが浮かび、バッグの中のペンを探す。けれどもノートがない。財布に挟んであったレシートの裏に走り書きする。「いまや母はスクラップブックの黄ばんだセロファンテープのように命につなぎ止められている。いまのところ自分の役割を果たしてはいても、いつ屈してしまうかもしれない。ページをめくるだけで剝がれてしまい、あとには紙の上の白っぽい四角い染みだけが残る」

この考えはわざとらしい気がして、とくに気に入ってはいない。でもレシートはとっておくことにする。支払をしにレジへ行くと列ができている。わたしはもう財布を手にしている。前のお客がおしゃべりしているうちに、電車がやってくる。こんなに早く来るとは思っていなかった。うっかり時間を忘れていた。

「あら、わたしが乗る電車かしら?」途方にくれてバールの主人に聞く。

「いつも時間通りですよ」

「ああ、どうしよう」

「さあ、早く行きなさい」

「すみません……」

「急いで」とさらに言う。

夫婦にあいさつもせず、みんなに新年おめでとうも言わずに走ってバールを出る。馬鹿さ加減にあきれながら電車に乗る。なぜかわからないけれど、天地万物に守られているとも感じる。少なくとも、今日純粋な親切心から一銭のお金もとらずに行かせてくれたあの人には。年の初めの日に受けたその親切な行為は、わたしを元気づけてくれる一方、同時に心もかき乱されてしまい、帰りの電車で泣き出しそうになる。

鏡に

家の隅から隅まで、すべての窓枠、床、電灯の傘など、どんな小さな穴も残さずに大掃除をする。流しの下にこびりついた洗剤の染みや窓枠に沿ってたまったほこりの黒い線を、ボロ切れを巻いた手の爪でこすってこそげ落とす。洗濯機やゴミ箱の中をきれいにし、バルコニーの敷居に詰まったゴミを箒で掃く。透明な酢を入れたコップに蛇口を漬けてカルキを取る。この家を離れるにあたり、ほんの小さな部分でもわたしのものは何も残しておきたくない。

家具を動かして、なかと後ろと下をチェックする。このような種類の汚れはそこらじゅうに散らばっていて、あらゆる表面に紛れ込んでいるので、いつまでやっても終わらない。鍋つかみ用のフック、名前は知らないけれど濡れたスポンジを絞る入れ物など、キッチンを整頓するための道具をいくつか金物屋で買う。使い古した木のおたまを捨てて新しいのを買い、花瓶の花のように並べる。家じゅうを隅から隅まで細かく点検していくうち、ずっと前に割ってしまったきれいな陶器の小皿をパントリーで見つける。二つに割れたままの状態で、小さいほうは切り分けたケーキのような三角形をしている。捨てようとするけれど、くっつけることができそうな気がして、ぎりぎりになって思いなおす。この皿は修繕してみる価値があると思う。いつだったか、ヴァカンスで山へ行ったときに買った絵付けの皿だ。

また金物屋へ行き、陶器用の接着剤を買う。とても強力な製品で、どんなものでもくっつけられるということだ。家にもどり、机に座ってチューブを開け、説明書のとおりに切れ端をケーキに貼りつける。たった一秒で継ぎ目がわずかに見えるだけになっている。二つに折ったわたしの長い髪の毛のようだ。ところが、蓋を閉めるときにまちがってチューブを押してしまう。あふれ出た大量の接着剤が指にかかってすぐに固まってしまい、皮膚に頑固な染みが残る。手を洗っても状況は悪くなるばかりだ。水はぜんぜん役に立たず、切れ端がケーキにくっついたように、指と指がぴったり貼りついている。接着剤がくっついてこわばった手をした、気の抜けたわたしが鏡に映っている。手についた接着剤を見ていると、なかなかなくならないほこりのことが思い出され、久しぶりに——もしかすると初めて——大笑いしてしまう。

墓地で

パパ、あなたにも会いにいく。花を供えると、あなたがこう言うのが聞こえる。こんなものが何の役に立つんだ？

あなたは町の真ん中で大勢の死者に囲まれている。きれいに飾られた魂が、私書箱のように列をなして埋められている。でも、あなたはいつも自分の窪みの中にいた。世間から隔離された自分の王国で暮らすのが好きだった。わたしはどうしたらほかの人と絆で結ばれることができるだろう？　あなたが死んでからも、あなたと母、どういうわけかあなたが人生をともにして、子どもをつくることにしたその女性とのあいだの距離を埋めようとしているというのに。わたしの頭の中では、あなたはいまも彼女の一メートル前を歩いている。なるべく小さくしたい、できることならなくしてしまいたいとわたしが思っていた、子どものころのあの切り株と切り株のあいだの空間は、おそらくあなたたちの距離にほかならなかったのだろう。

　わたしたち全部にうんざりして、そのバランスを壊して平衡状態から逃れることだけを望んでいたあなた。自分は無関係だと言って、わたしと彼女が口論しているあいだは寡黙だったあなた。どうしてほしいんだ。おれには関係ない。その残酷で意気地のない二つの言葉だけを繰り返していた。それで、わたしはあなたを巻き込まないこと、どんな助けも期待しないことを学んだ。

　でも、もちろんあなたには大いに関係があったし、あなたがその小さな独房にいるいまは、もっと関係がある。だから、あなたの冷たい穴蔵の前にいるいまも、わたしはあなたを許さない。一度も仲裁に入らなかったこと、わたしを守ってくれなかったこと、自分を嵐のような家の雰囲気の犠牲者だと見なして、保護者というあなたの役割を放棄したことを許さない。あのマグマはあなたをかすめさえしなかった。自分のまわりにこの大理石の墓石より高くて厚い壁をつくってしまっていたのだから。

　ずっと暗いところにいるのはどんな気分？　あなたは明かりがついているのが大嫌いで、どの部屋もできるだけ消してまわっていた。なんという無駄遣いだ、と家じゅうぶつぶつ言いながら。仕事も急ぎの用事も逃げ道もなく、一日じゅうわたしたちといっしょにいなければならなくなった日曜日は、居間の肘掛け椅子に腰かけ、あなたの暗闇に沈み込んでいた。母と言い争ったあとには、なんという時間の無駄遣いだ、と言っていた。

あなたはもう一人で散歩することも、動くこともできない。あなたはけっして荒れない海を望んでいた。みんなと仲良くやり、迷惑をかけず、誰にも何も要求しないことを切望していた。でも、海に荒れないように求めることなどできない。そして、あなたはわたしにこんなに多くを求めた。わたしに対するあなたの控え目な関与を受け入れること、あなたはわたしを愛しているがけっしてべったりではないと心得ること。

スーツケースの準備が終わり、玄関に二つ並べておいたわずか数時間後の突然の高熱。わたしたちはつぎの日の明け方に出発することになっていた。それなのに、真夜中にあなたは降参してしまった。恐怖に見開いた目。入院して二日目に内臓はもう衰弱の段階に入っていると告げられた。

いっしょに劇場へ行くはずだった。それはあなたが熱中したただ一つのもので、わたしたちをつなぐものだった。あなたはその暗闇、他人の争いに心を奪われていられる自分だけの場所を愛した。二か月間わたしはスーツケースの中身を取り出すことを拒否した。それはあなたのことを悲しんだためというより、そのチケット、その冒険が立ち消えになったことが残念でたまらなかったからだった。

すぐ近くに

出発の前日、景色をちょっと楽しもうと広場へ出かける。斜めに差し込む太陽で赤く染まった教会の丸屋根や、半開きになった屋敷の大扉。扉の向こうの中庭の奥に、大理石の女性の裸体像がちらっと見える。その像はいつも両腕を挙げて横顔を見せている。薬局、クリーニング店、角を曲がったところの行きつけの洋装店など、まだ急いで二、三の用事をすませなければいけない。広場は空っぽだ。市場のテントは少し前に片づけられ、カリフラワーの葉っぱや潰れたミカンはもう誰かがきれいに掃除してしまった。外の空気を吸いに出てきてベンチに腰かけている老人や、窮屈なアパートから解放された子どもを走って追いかける親たちの姿が見える。

　昼休みの終わった店が開き、人びとが移動するこの時間には、どこへも行かずにずっとここにいるらしい人たち――騒々しい高校から疲れ果て、おなかをすかして帰る若者たち、大きな犬にうれしそうに引きずられる、驚くほど真っ白な前髪で目が隠れた小柄で痩せた男性、バールの前でわずかな施しを請う半盲の人――に心を打たれる。いつもこのあたりの歩道をぶらぶらしている彼らは、建物、木々、大理石の女などと同様、この地区に根を下ろしてずっと変わらない基本的な要素なのだ。どの顔も長い年月わたしにつきあってきてくれたのだけれど、最後まで正体は不明のままだ。その人たちにさようならのあいさつをしても意味がないだろうが、いまこの瞬間、わたしは彼らにものすごい共感を覚える。

歩きながら、この場所との別離が迫っている悲しみに耐えていると、視界の隅に一人の人の姿が見える。五十メートル離れたところを歩いている女性で、うっすらと模様のついた赤いフレアースカートという、ほとんどわたしと同じ服装をしている。黒いウールのコートも同じで、ロングブーツをはき、頭にはウールの帽子をかぶっている。その人もバッグを右の肩にかけている。年齢は謎で、わたしと同年代かもしれないし、十五歳上かもしれない。もしかしたら若い娘かもしれない。楽しそうに颯爽と歩いている。

すませなければいけない用事は放っておき、いつものくせで彼女についていく。そうしないではいられない。歩くスピードを上げ、横断歩道のところで彼女が止まっているのを見て、わたしも立ち止まる。もしいまほかの通行人がいたら、この偶然の一致に気がつくだろうかと思う。よく似た二人の無関係の女がいっしょに、そしてべつべつに歩いている。この女性はどんな顔をしているのだろう？　わたしのようにずっとここに住んでいるのだろうか？　それとも誰かを訪ねてきたのか？　どんな理由で？　デート？　会議？　もう広場に出てこなくなった車椅子の祖母に会いに行く？　多忙な女性だろうか？　心配性、それとも楽天的？　既婚、それとも独身？　女友だちの家のインターフォンを押そうとしている？　愛人？　フルーツジュースとかアイスクリームを買おうと思っている？

そっくりさんの後ろ姿を見てわかることがある。わたしはわたしであってわたしではなく、ここを去ってずっとここに残る。突然の振動が木の枝を揺らし、葉っぱを震わすように、このフレーズはわたしの憂鬱を少しのあいだかき乱す。

彼女が道を渡ってしまうまで待ち、それからわたしも前へ進む。ここには信号がないので気をつけなければいけない。道はわずかにカーブしていて、一瞬彼女が見えなくなる。どの方向へ行くべきか考える。横断歩道のところに着くと、前にも右にも左にも彼女の姿が見えない。広場へ走り、アイスクリーム屋や薬屋やクリーニング店にいないかと探す。広場じゅう彼女を探しまわる。売店で買ったばかりでまだ広げてもない新聞を、コーヒー代を払うときにうっかりバールのレジの横に置き忘れたときのように。こんな不注意はわたしにはよくあることだ。新聞はどこかの店の人が親切に取っておいてくれるので、いつも取りもどすことができる。彼女は見つからない。どこかへ行ってしまった。

幻だったのだろうか？　いや、わたしはたしかに見た。もう一人のわたしが楽しそうに颯爽と歩いているのを、わたしのすぐ近くを。

どこでもなく

なぜなら、結局のところ物理的空間、照明、壁といった舞台装置など何の関係もないのだから。空の下だろうと、雨の中だろうと、夏の澄み切った水の中だろうと、そんなことはどうでもいい。電車や車の中だろうと、クラゲの群れのように散らばった切れ切れの雲の中を飛ぶ飛行機の中だろうと。じっとしているどころか、わたしはいつもただ動いている。何かを待ちながら、あるいは辿りつくため、帰るため、立ち去るために。足下にはこれから荷物を出し入れする小さい旅行カバン。膝の上のバッグには、いくらかのお金と本。わたしたちが通りすぎるだけでない場所などあるだろうか？　まごついて、迷って、戸惑って、混乱して、孤立して、うろたえて、途方にくれて、自分を見失って、無一文で、呆然として。これらのよく似た表現のなかに、わたしは自分の居場所を見つける。さあ、これがおまえの住まいだ。この言葉がわたしを世界に送り出す。

電車の中で

ぜんぶで五人。男が四人に女が一人、みんなだいたい同じ年頃だ。よく似ていて、浅黒い肌で小太り、よく笑う。女の子が窓際のわたしの向かいに座る前にあいさつをしてくれる。そして、わたしが本を読んでいた客室は急に活気づく。この人たちがどういう関係なのかわからない。兄弟だろうか？　いとこ？　三人兄弟とカップル？　仲のいい五人の友だち？

乗ってきて落ち着くと、みんなとてもおなかがすいているらしく、すぐに食べはじめる。クルミ、ブラッドオレンジ、乾燥イチジクなど、健康にいいのに味もいい食べ物の袋をいくつもテーブルの上に広げ、まるで二日間何も食べていなかったようにおいしそうに食べている。この食糧をみんなで分けあっている。チョコレートや果物をちぎって仲間の口に入れてやったりして、全員が母親であると同時に子どもでもあるようだ。度を越したとも思えるほどの愛情が彼らのあいだをおおらかに流れていることに心を打たれる。彼らが生きることに夢中で、いっしょにいることに喜びを感じているのがわかる。ほかには何もいらないように見える。

どこかわからない外国の言葉で休みなく話している。わたしは間もなく外国へ行ってべつの知らない言葉に囲まれるわけで、これはその前触れのような気がする。彼らは話しながら一つの携帯電話で音楽——情熱的で刺激的な歌——を聴いている。音質は最悪だけれど、彼らはその音楽に完全に心を奪われていて、目を閉じて感動している。ときどき、電車に乗っている大勢の人のなかでそんなことをするのがごく自然なことのように、声を張り上げて歌っている。

わたしにもクルミ、イチジク、チョコレート、ブラッドオレンジを勧めてくれる。どの食べ物も新鮮でとてもおいしそうに見える。けれども、わたしは冷たくて味気ないパニーノをすでに食べてしまったので、おなかがすいていない。

はしゃぎすぎともいえる彼らの振る舞いは、ほかの乗客たちとまったく違うものだ。彼らは本を読みもしなければ、眠りもしない。携帯でひそひそとおしゃべりすることもない。静けさを吹き飛ばし、旅の単調さを打ち壊す。彼らは陽気な暴徒で、その集団のエネルギーは、わたしが今日一日じゅう過ごすことになる客車の雰囲気を一変させてしまう。

彼らはどこへ行くのだろうと考える。この電車の終点まで行って、それからわたしのように国境を越えるのだろうか？　何かを待っているようで、浮き浮きしていながら、少し不安そうでもある。駅に止まるたびに注意して外を見ている。どこで降りればいいか、どれが正しい駅なのか、よくわかっていないようだ。誰と会おうとしているのだろう？　どういう状況で？　この人たちの人生に何が起ころうとしているのだろう？

女の子はかなり化粧が濃く、丸顔で黒く輝く目をしている。体じゅうで音楽に反応している彼女が泣いていることにふと気づいて、わたしは目をそらす。それから、さようならをわたしたちの言葉で何と言うかを、仲間の一人に夢中になって教えはじめる。みんな笑いだし、授業を受ける生徒のように、サーヨーオーナーラと大声で唱えている。

突然一人の男の子が美容師を始める。ブラシ、ヘアアイロン、亜麻仁油、ヘアスプレーなど道具一式をリュックから取り出す。そして女の子の髪を凝ったスタイルにセットしていく。彼女が髪をとかしてもらっているあいだ、ほかの三人は数え切れないほどの写真を撮り、彼女が変身していく過程を余すところなく捉えている。

ほかの子たちはとくにエレガントな服装ではない。短い革ジャン、黒いパンツ、スポーツシューズ。

テーブルの、わたしの眼鏡が入ったハードケースの横に、彼女がサングラスを置く。安物のプラスティック製で、額のしわとか、とても遠くや高いところから見た海のさざ波のように、レンズは傷だらけだ。わたしのは値段も高いし、すべすべしている。彼女はよく笑い、そのはじけた笑い方は魅力的だ。いろいろと愉快な話をこと細かに長々と語っている。男の子たちはうっとりとその話に聞き入っている。

リュックが置かれた彼らの足下には、ポリ袋が一つあり、捨てるオレンジの皮でもういっぱいになっている。食べ物はもう何も残っていない。もってきたものはぜんぶ食べてしまった。

つぎの駅で、彼らはあわてて立ち上がると、わたしにあいさつをし、お礼を言い、謝る。そして荷物をぜんぶもって電車を降りていく。わたし一人が本とハードケースと中身が少ししかないスーツケースといっしょに席に残される。

その外国人グループの貪欲なほどの喜びも、わたしには何も残っていない。テーブルはまたきれいになり、まわりの席は空いている。あり余るほどあったあの食べ物を少しでも味わっておかなかったことを、いまになって後悔する。彼らはわたしに、わずかなパン屑さえ残していってはくれなかった。

訳者あとがき

『わたしのいるところ』(*Dove mi trovo*)は、ジュンパ・ラヒリのイタリア語による最初の長篇小説である。彼女がイタリア語で書いた最初の作品であるエッセイ集『べつの言葉で』(原題は *In altre parole*)から約三年半後、二〇一八年八月に出版された。

長篇小説といっても一つの大きなストーリーがあるわけではない。四十六の章にわかれたこの作品には、日常生活におけるちょっとしたできごとが淡々と、それぞれに完結して描かれていて、四十六の掌篇小説集といってもいいような趣をもっている。

ラヒリが英語で書いた小説の共通点はアメリカのインド系移民の世界が描かれていることだったが、この作品はまったく違っている。生まれや母語のように「自分で選ぶことができないもの」と「一人の人間の本質」との衝突に関心をもっているラヒリは、第二の母語である英語(「継母」と表現している)で書くとき、ベンガル系という生まれを意識せずにはいられなかった。「わたしの人生における英語とベンガル語の長い対立から逃れる」(『べつの言葉で』)ために自分の意志で学んだイタリア語で書くことにより、ようやくその葛藤を拭い去ることができたと言えるだろう。

主人公の〈わたし〉は四十代後半の女性で大学教師、一人で暮らしている。年取った母は田舎でやはり一人暮らしをしていて、父は少女時代に急死している。登場人物は、仕事で世界を飛びまわっている女友だちと〈わたし〉が特別な気持ちを抱いているその夫、医院の待合室で顔を合わせた老婦人、かつて同棲していた恋人、プールでいっしょになる何人かの女性たち、学会で泊まったホテルで隣室になった亡命学者、ネイル・サロンの外国人女性、父母の残した家財道具を売る青年などだが、その誰にも名前がない。また舞台となっているローマと思われる町や〈わたし〉がよく行く広場、ヴァカンス先などの場所にも名前がない。

英語で書かれた長篇『低地』の訳者あとがきには、「『低地』を最後として、もう実在の土地、現実の地理から設定して書くことはないだろう」というラヒリのインタビューでの発言が紹介されているが、前作『べつの言葉で』に収録された二つの掌篇「取り違え」と「薄暗がり」にも、実在の土地はもちろん、固有名詞が一つも出てこなかった。生まれや母語が「自分で選ぶことができないもの」なのと同様、名前も「押しつけられたもの」であり、ラヒリは自分で選んだイタリア語で書くときはそれも取り去ることにしたのだ。「イタリア語で書くときにはすべてをより抽象的、より開かれたものにするために、特殊性をできるだけ排除しようとしてきました。(中略)名前がなければ、境界ももはや成り立ちません。何かを取り除くことで、いろいろなものの意味が広がる」と二〇一九年一月のラ・レプッブリカ紙のインタビューで語っている。

四十六の章にはそれぞれタイトルがついているが、「春に」、「八月に」、「目覚めに」など時を表すいくつかの章を除くと、「歩道で」、「待合室で」、「ベッドで」など、ほとんどの章がまさにいま「わたしのいるところ」を示すタイトルとなっている。

〈わたし〉は生まれたときから住んでいる地区に強く結びついている。そこには親しい友人がいて、行きつけのバールやトラットリアもある。そして「この地区がわたしを愛していてくれる」と感じてはいるが、一方では「孤独でいることがわたしの仕事になった」と言い、そこに完全に溶け込むこともできずにいる。ラヒリは前出のインタビューで「彼女は根を張ることの難しさに苦しんでいると同時に、自分の家を離れることに不安を感じてもいます」と語っている。〈わたし〉は子どものころ、切り株から切り株へ飛び移る遊びをしたが、「切り株のあいだの空間はどれも深い淵のように思え、落ちる恐怖にさいなまれていた」と回想し、自分にいつも欠けているのは「前に踏み出す力」だと思っている。冒頭に置かれたイタロ・ズヴェーヴォの言葉のように、「変化そのものがわたしを不安にする」のである。

ところが最後には、「じっとしているどころか、わたしはいつもただ動いている。何かを待ちながら、あるいは辿りつくため、帰るため、立ち去るために。（中略）わたしたちが通りすぎるだけでない場所などあるだろうか？」という心境に達していて、大きな一歩を踏み出すことになる。

この小説はラヒリが二〇一二年から約三年間のローマでの生活を終え、アメリカにもどる旅の途中に書きはじめられた。あるインタビューで「環境への適応が困難で、自分がどこにいるのかわからなくなってしまったからです。アメリカに住んでいながら、まだローマが自分の家だと思っていたのです。ローマはわたしにそれまでずっと欠けていた拠り所になっていたからです」と語っている。場所が変化して、「わたしのいるところ」がどこかわからなくなった不安がこの作品を生み出したと言えるのかもしれない。

前作『べつの言葉で』は雑誌に連載されたエッセイ集で、「イタリア語レッスンの宿題」のように毎週一章ずつ書いた文章をイタリア人に添削してもらい、編集者の最終的なチェックを経て出版された。編集者たちは「わたしのイタリア語のおかしさを尊重し、不完全で少しぎこちない文章の実験的な性質を受け入れてくれた」。イタリアの読者にとってこのエッセイ集は、英語を母語とする外国人がイタリア語という「べつの言葉で」書いた本であり、初めはぎこちなかった文章がだんだんこなれていくのを感じながら読むものだった。

一方、この『わたしのいるところ』はほぼ完璧なイタリア語で書かれている。前作は多くの書評が内容だけでなくラヒリのイタリア語についてコメントしていたが、この作品ではそれがほとんど見られない。「一部にメタファーや言い回しなど、少し不自然で《文学的すぎる》文章がある」というコメントがあったが、メタファーが巧みなのはラヒリの特徴の一つで、私にはとくに不自然とは感じられなかった。

ラヒリは『べつの言葉で』の翌年（二〇一六年）、もう一冊イタリア語で発表している。それは彼女がアメリカにもどる直前の二〇一五年六月にフィレンツェで開催された「作家フェスティバル」での講演をまとめた *Il vestito dei libri*（『本の衣装』）という六十ページほどの小冊子で、内容はタイトルのとおり、本のカバーデザインについての考察となっている。

ラヒリがプリンストン大学で教鞭を執るためにアメリカにもどったのは二〇一五年のことで、前述のとおり『わたしのいるところ』はその旅の途中で書きはじめ、アメリカで完成させた（二〇一八年秋から一年間、サバティカルで現在はローマに滞在中）。

前出のラ・レプッブリカ紙のインタビューでラヒリは、「いま、わたしの頭のなかには二つの部屋があります。いや、翻訳も加えると三つと言ったほうがいいでしょう。一つの部屋にはわたしが書くことを選んだイタリア語、もう一つには、アメリカの大学で教えている限りつづく英語のプロジェクトが入っています」と語っている。

二つめの部屋については、二〇一八年にニューヨーカー誌に短篇を発表している。三つめの翻訳の部屋に関しては、友人でもあるイタリア人作家ドメニコ・スタルノーネの *Lacci* という小説を英語に訳していて、二〇一八年全米図書賞翻訳書部門の最終選考五作品に残っている（このとき受賞したのは多和田葉子著・満谷マーガレット訳の『献灯使』）。また、今年三月にはラヒリが編集した *Italian Short Stories* がペンギン・ブックスから出版された。モラヴィア、タブッキ、カルヴィーノなど世界的に有名な作家から、イタリア国内でもすでに忘れ去られている無名の作家まで四十人の短篇を集めた作品集で、アメリカで未訳だった作品の多くは彼女自身が訳している（イタリアでは *Racconti italiani scelti e introdotti da Jhumpa Lahiri*〔ジュンパ・ラヒリによって選ばれ、紹介されたイタリア短篇集〕というタイトルで出版されている）。

ラヒリの次の作品がこの三つの部屋のどこから創りだされるのか、楽しみに待ちたいと思う。

疑問点をわかりやすく説明してくれたフィレンツェ大学日本語学科の教え子で編集者の卵であるヴィオラ・ロザイさん、今回も編集を担当していただいた新潮社の須貝利恵子さんに感謝いたします。

中嶋浩郎

二〇一九年七月

DOVE MI TROVO

Jhumpa Lahiri

わたしのいるところ

著 者

ジュンパ・ラヒリ

訳 者

中嶋浩郎

発 行

2019 年 8 月 25 日

7 刷

2023 年 11 月 30 日

発行者 佐藤隆信

発行所 株式会社新潮社

〒162-8711 東京都新宿区矢来町 71

電話 編集部 03-3266-5411

読者係 03-3266-5111

https://www.shinchosha.co.jp

印刷所

株式会社精興社

製本所

大口製本印刷株式会社

乱丁・落丁本は、ご面倒ですが小社読者係宛お送り下さい。

送料小社負担にてお取替えいたします。

価格はカバーに表示してあります。

ISBN978-4-10-590159-2 C0397

CREST BOOKS

Shinchosha

低地

The Lowland
Jhumpa Lahiri

ジュンパ・ラヒリ
小川高義訳

若くして命を落とした弟。その身重の妻をうけとめた兄。
着想から十六年。両親の故郷カルカッタと作家自身が
育ったロードアイランドを舞台とする波乱の家族史。
十年ぶり、期待を超える傑作長篇小説。

CREST BOOKS